高等学校新工科人才培养“十三五”规划教材

产品检测与质量管理

主　编　韦荔甫　农红密
副主编　邓　广　蒙超华　陈潮宇　方彰伟
　　　　覃尚活　梁先盛　林佩静　武君君
　　　　蒋　群　湛世禄　冉毅伟　屠德伟
　　　　陈祖平
主　审　唐　宁

西安电子科技大学出版社

内 容 简 介

本教材共分为六个模块。模块一为识图基础，主要介绍零件图的作用和内容、图线、投影法、尺寸分类与注法、图纸幅面和格式、图面标注判读等相关知识；模块二为产品公差，主要介绍产品公差基本知识、形状公差、定向公差、定位公差、轮廓度公差和跳动公差、未注公差尺寸等内容；模块三为量测，主要介绍量测标准与量测技术、测量误差、量测设备的选择原则等内容；模块四为常用量测仪器，主要介绍三坐标测量机、光学影像测量仪、CAV全尺寸检测、白光干涉仪、表面粗糙度量测仪、色差仪、其他常用量具等仪器的原理和使用方法；模块五为产品品质意识，主要介绍产品品质意识、质量管理的发展历程、质量意识等内容；模块六为统计制程控制，主要介绍SPC的基本概念、统计学的基本概念、概率的基本概念、控制图、制程能力等知识。

本教材可作为应用型本科、高职高专机械制造与自动化、模具设计与制造、数控技术、机电一体化技术、工业机器人等专业的教材，也可供职业培训和产品精度测量与质量管理相关技术人员学习参考。

图书在版编目(CIP)数据

产品检测与质量管理/韦荔甫，农红密主编.
—西安：西安电子科技大学出版社，2018.10
ISBN 978-7-5606-5053-1

Ⅰ.①产… Ⅱ.①韦… ②农… Ⅲ.①工业产品—商品检验—教材
②工业产品—质量管理 Ⅳ.①F764.06

中国版本图书馆CIP数据核字(2018)第077539号

策划编辑 李惠萍
责任编辑 唐小玉
出版发行 西安电子科技大学出版社(西安市太白南路2号)
电　　话 (029)88242885 88201467　　邮　　编 710071
网　　址 www.xduph.com　　电子邮箱 xdupfxb001@163.com
经　　销 新华书店
印刷单位 陕西日报社
版　　次 2018年10月第1版 2018年10月第1次印刷
开　　本 787毫米×1092毫米 1/16 印张 9.5
字　　数 219千字
印　　数 1～3000册
定　　价 22.00元
ISBN 978-7-5606-5053-1/F

XDUP 5355001-1

如有印装问题可调换

前　言

随着现代工业的发展，产品的精度检测和产品的质量控制已成为工业生产必不可少的重要部分。在此背景下，目前各高等院校机械类专业都把产品测量技术、产品质量管理作为其专业必修课程。编者根据我国高等院校机械类专业的培养目标和具体要求，结合企业生产实际，引入生产实例编写了本教材，旨在满足当前职业教育的需要。

本教材由学校与企业根据学生目前所学专业知识，结合企业提供的岗位实际要求而开发，以产品精度检测与质量管理为主线，共分为六大模块，主要内容包括识图基础、产品公差、量测、常用的量测仪器、产品品质意识、统计制程控制等，对应岗位包括品保量测、注塑成型、自动化三个方面。

识图基础模块主要介绍零件图的作用和内容，识读零件图的方法，图纸的型式和应用，图线的宽度，投影法，尺寸及其标注，工程图面的结构，图面标注的分类，图面绘图中机件常用的表达方法，机件标注的其他表达方法，公差与配合等内容。

产品公差模块主要介绍产品公差基本知识，形状公差，定向公差，定位公差，轮廓度公差和跳动公差等内容。

量测模块主要介绍量测标准与量测技术，量测基本概念，几何量概念，长度量测常用的术语及四大基本原则，测量误差，量测设备的选择原则等内容。

常用的量测仪器模块主要介绍精密量测仪器的分类及常用的量测仪器。

产品品质意识模块主要介绍质量的基本概念，质量管理的发展历程，质量意识，正确的质量观念，错误的质量观念等内容。

统计制程控制(SPC)模块主要介绍 SPC 的基本概念，统计学的基本概念，概率的基本概念，控制图，制程能力等内容。

此外，本教材在编写过程中，内容选择上以“必需”和“够用”为原则，针对性强，突出方法，强调应用，具有一定的创新性，对专业学习、研究具有高效的指导意义，是企业指定的“校企合作”教材之一。教材特点如下：

(1) 按照由浅入深、循序渐进的原则介绍了零件识图与制图、产品形状、尺寸及定位公差、产品测量、测量设备、产品品质管理、统计制程控制等相关内容。

(2) 以产品精度检测与质量管理为主线，内容丰富齐全，层次分明，所有内容的实例均由企业提供，紧密贴合工厂实际，实用性强，体现了校企合作、工学结合的理念，并突出“工作过程导向”的特点，以达到培养学生职业能力的教学目标。

本教材适合于应用技能型本科和高职高专模具专业学生阅读参考，也可作为工厂从事模具设计与制造和注塑成型工作的工程技术人员的培训教材和自学参考书。

本教材由桂林电子科技大学职业技术学院机电工程系和捷普绿点科技(深圳)有限公司联合编写，韦荔甫和农红密任主编，邓广、蒙超华、陈潮宇、方彰伟、覃尚活、梁先盛、林佩静、武君君等任副主编，唐宁任主审。具体编写分工如下：模块一由方彰伟和覃尚活编写，模块二由陈潮宇编写，模块三由邓广编写，模块四由蒙超华编写，模块五由韦荔甫编写，模块六由农红密编写。

本教材在编写过程中参阅了同类教材和专著，也得到了绿点科技(深圳)有限公司工程师和我系教师们的大力支持，在此表示感谢！

由于本教材涉及内容较广，加上编者水平有限，所以教材中难免会有遗漏和不妥之处，恳请广大读者提出宝贵意见。

编　者

2018 年 6 月于北海

目　录

模块一　识图基础

学习目标

1. 了解零件图在工程技术中的作用，理解零件图的概念并掌握零件图包含的内容等；
2. 熟悉图线的类型和应用；
3. 掌握投影法的基本理论知识；
4. 掌握工程图面的判读。

学习内容

1. 零件图；
2. 图线；
3. 投影法；
4. 尺寸分类与注法；
5. 图纸幅面和格式；
6. 图面标注判读。

1.1　零　件　图

1.1.1　零件图的内容

零件是组成机器的基本单位。任何机械都是由零件组成的，制造机器就必须先制造零件。零件图是制造和检验零件的依据，它依据零件在机器中的位置和作用，对零件在外形、结构、尺寸、材料和技术等方面都提出了一定的要求。在生产过程中，从备料、加工、检验到成品都必须以零件图为依据。

如图 1 - 1 所示，一张完整的零件图应该包括以下内容：

1. 图形

零件图是指用向视图、剖视图、断面图等图形，将零件的内、外结构形状正确、完整、清晰地表示出来，如图 1 - 1 所示。

2. 完整的尺寸

要正确、齐全、清晰、合理地标出零件各部分的大小及其相对位置尺寸，即在零件图上提供制造和检验零件所需的全部尺寸。尺寸标注如图 1 - 1 所示。

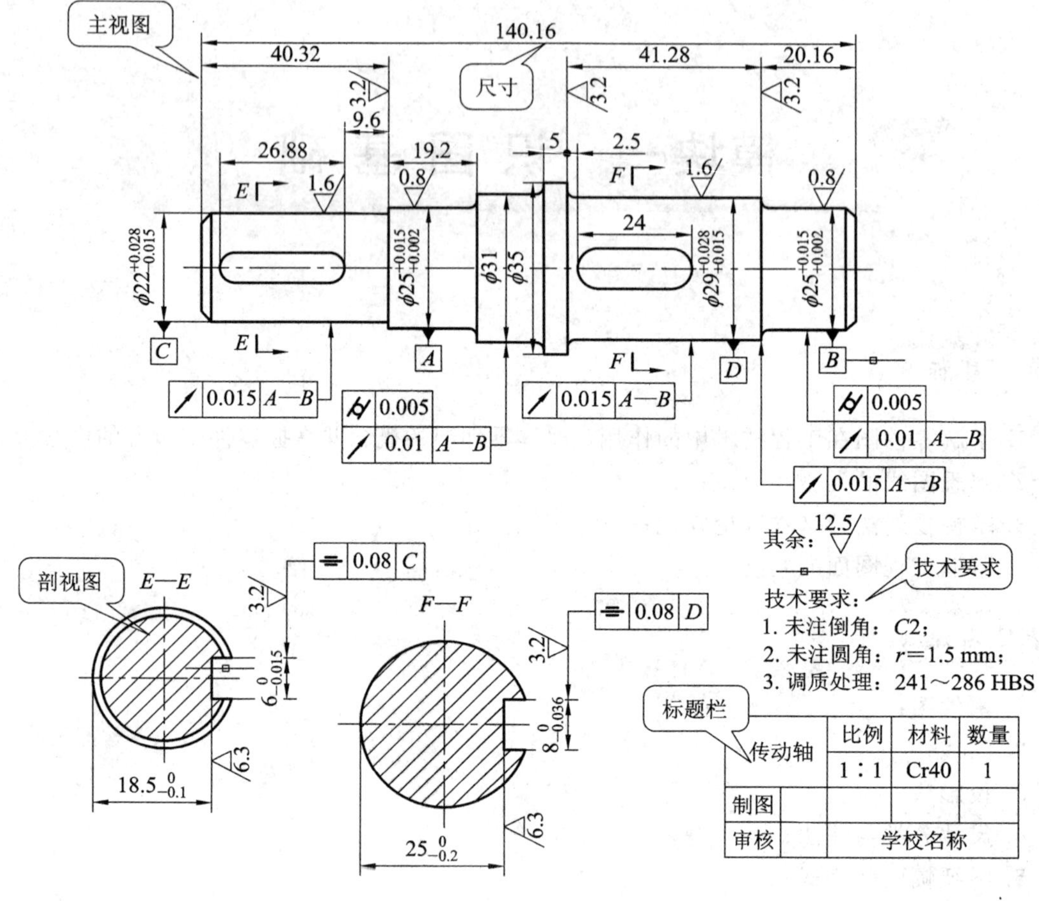

图 1-1 零件图

3. 技术要求

应将制造零件应达到的质量要求(如表面粗糙度、尺寸公差、形位公差、材料、热处理及表面镀、热处理等)，用一些规定的代(符)号、数字、字母或文字，准确、简明地表示出来。不便用代(符)号标在图中的技术要求，可用文字注写在标题栏的上方或左方，如图 1-1 所示。

4. 标题栏

标题栏在图样的右下角，应按标准格式画出，用以填写零件的名称、材料、图样的编号、比例，以及设计、审核、批准人员的签名、日期等。

1.1.2 识读零件图的方法

工程技术人员在机械设计、制造、维修、检测等过程中，经常要识读零件图，因此一名合格的工程技术人员必须具备识读零件图的能力。识读零件图是指在拿到一张零件图纸后，通过对图纸中四项基本内容的具体分析和全面理解，掌握零件的结构形状、尺寸大小、技术要求等内容，理解零件设计人员的设计意图，以便确定合理的加工、检验、维修等方案。下面以图 1-1 轴类零件为例，具体说明识读零件图的基本方法和步骤。

1. 阅读标题栏

通过零件图标题栏的内容可以知道零件的名称、比例、材料以及加工方法等。例如，从图 1－1 的标题栏中可知该零件为轴类零件，材料是 40Cr，图纸比例为 1∶1。

2. 分析图形

先看主视图，再联系其他视图，分析图中剖视、剖面及重要部位等，可以想象出零件的结构形状。例如，图 1－1 所示的轴类零件用主视图、$E-E$、$F-F$ 剖视图来表达零件的基本形状。通过对主视图的分析，可以知道这一轴类零件的总长度、各段轴径大小等；剖视图 $E-E$、$F-F$ 明确表达了键槽在轴上的具体位置和具体尺寸。

3. 分析尺寸

对零件的基本结构了解清楚后，再分析零件的尺寸。首先确定零件部分结构形状的大小尺寸，再确定各部分结构之间的位置尺寸，最后分析零件的总体尺寸。同时分析零件长、宽、高三个方向的尺寸基准，找出图中的重要尺寸和主要定位尺寸。例如，图 1－1 所示的轴类零件有 6 个局部径向尺寸，每个径向尺寸的长度都不一样，轴的总长为 140.16 mm。

4. 分析技术要求

对图中出现的各项技术要求，如尺寸公差、表面粗糙度、形状和位置公差以及热处理等加工方面的要求，要逐个进行分析和了解。例如，从图 1－1 可知轴左端的径向公差为 0.043 mm，右端的径向公差为 0.013 mm。

1.2　图　　线

1.2.1　图线的应用

图样的图形是由各种不同的图线所组成的。国家标准规定了 15 种基本的线型，以适应各种技术图样。各种图线的名称、型式、宽度以及在图上的一般应用如表 1－1 和图 1－2 所示。

表 1－1　图线的名称、型式、代号、宽度以及应用

名称	基本线型	线宽	一般应用
粗实线	————————	粗 d	主要用于可见轮廓线和可见过渡线
细实线	————————	细 $d/2$	用途较多，主要用于尺寸线、尺寸界线及剖面线
虚线	－－－－－－－－－－－	细 $d/2$	主要用于不可见轮廓线和不可见过渡线
粗点画线	——·——·——	粗 d	主要用于特殊处理的范围
细双点画线	——··——··——	细 $d/2$	主要用于假想线
细点画线	——·——·——	细 $d/2$	主要用于轴线及对称中心线
波浪线	∽	$d/2$	断裂处的边界线；视图与剖视图的分界线
双折线	—∧∨—	$d/2$	

1.2.2 图线的宽度

机械制图中通常采用粗、细两种图线宽度，它们的比例关系为 2∶1。图线的宽度 d 应按照下列的数系选取：0.13，0.18，0.25，0.35，0.5，0.7，1.0，1.4，2(单位 mm)。粗线的宽度 d 一般在 0.5～2 mm 之间选择，选择图线宽度时，应该根据图幅大小、图样的复杂程度等来综合考虑图线的宽度。通常取 $d=0.5$ 或 0.7，为保证图样清晰，便于复制，图样中应避免出现线宽小于 0.18 的图线。

(1) 在较小图形上绘制点画线或双点画线时，如果绘制有困难，可以考虑用细实线代替。

(2) 在绘制图形时，对称中心线、轴线、双折线均应画出轮廓线 2～5 mm。例如，图 1-2左端的孔轴线、底部的双折线都超出轮廓线 2 mm。

(3) 实线有接头时，接头应准确，不可偏离或超出。

(4) 单点画线和双点画线的起始应该是线段，不应是点，单点长画线的首尾两端应该是线段，不应该是点。例如，图 1-2 所示可动零件的极限位置轮廓线起始位置是圆的端面。图 1-2 中的孔中心线的首尾两端都是线段，而不是单点。

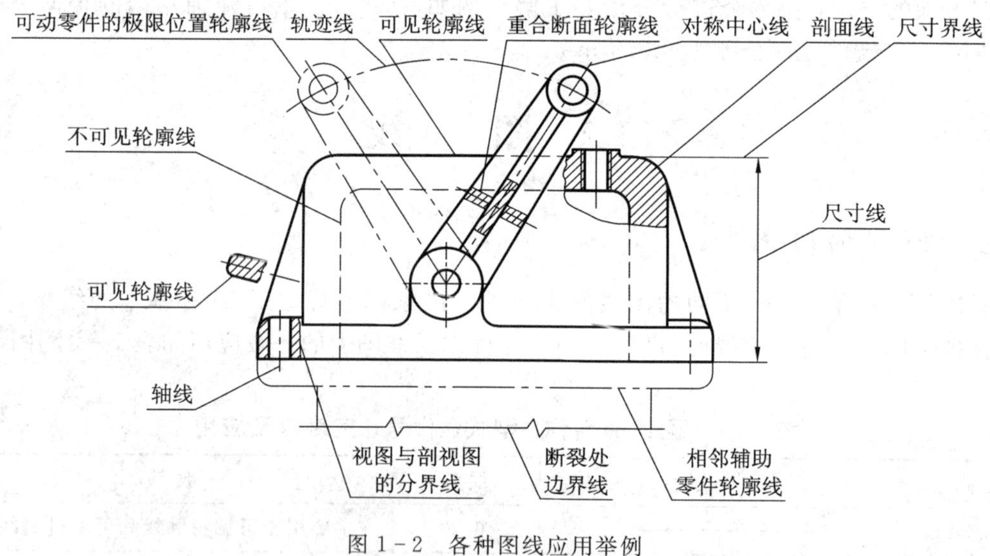

图 1-2 各种图线应用举例

1.3 投 影 法

在日常生活中，物体被光源照射后，在地面或者墙壁上会出现影子，这就是常见的投影现象。在制图中，我们把光源称为投影中心，光线称为投影线，光线的射向称为投影方向，落影的平面(如地面、墙面等)称为投影面，影子的轮廓称为投影，用投影表示物体的形状和大小的方法称为投影法。

物体——影子；

投影法——投射线通过物体向选定的面投射，并在该面上得到图形的方法；

投影——根据投影法所得到的图形；

投影面——投影法中得到投影的面。

1.3.1　投影法的分类

投影法根据投射线类型的不同(平行或相交)可分为中心投影和平行投影两类。中心投影法又可以分为一点透视图、二点透视图、三点透视图，平行投影法根据投射线的不同又可以分为正投影法和斜投影法，如图 1-3 所示。

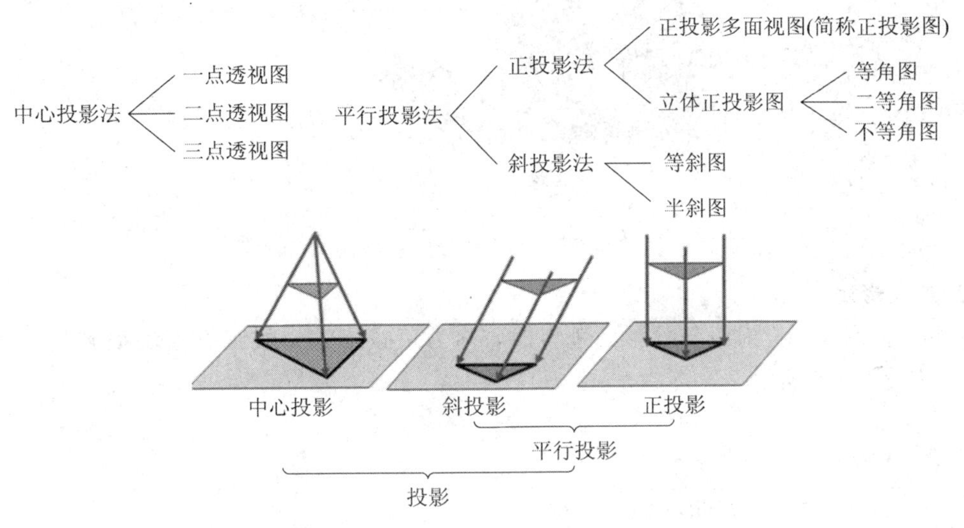

图 1-3　投影法的分类

1. 中心投影法

如图 1-4 所示，投射线汇交于一点的投影法，称为中心投影法。用中心投影法所得到的投影不能反映物体原来的真实大小，它不适用于绘制机械图样。中心投影法绘制的图形立体感较强，适用于绘制建筑物的外观图以及美术画等。

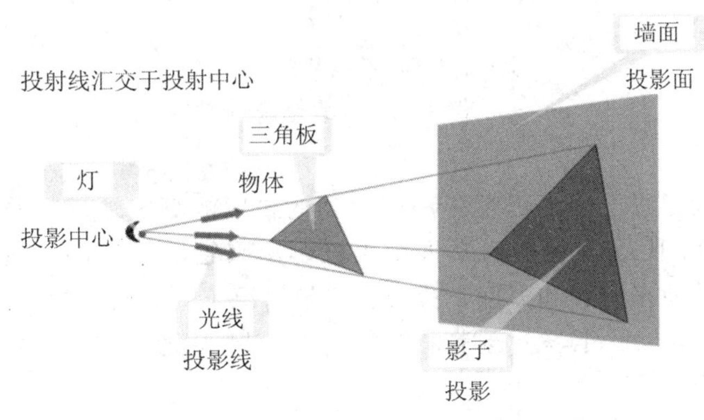

图 1-4　投影法的分类

2. 平行投影法

投射线互相平行的投影法称为平行投影法。平行投影法又分为斜投影法(投射线倾斜于投影面)和正投影法(投射线垂直于投影面)两种。平行投影法所得到的投影可以反映物体的实际形状。

1）斜投影法

在平行投影法中，投射线与投影面倾斜成某一角度时，称为斜投影法。按斜投影法得到的投影称为斜投影，如图 1-5 所示。

图 1-5 斜投影法

2）正投影法

在平行投影中，投射线与投影面垂直时，称为正投影法。按正投影法得到的投影称为正投影，如图 1-6 所示。

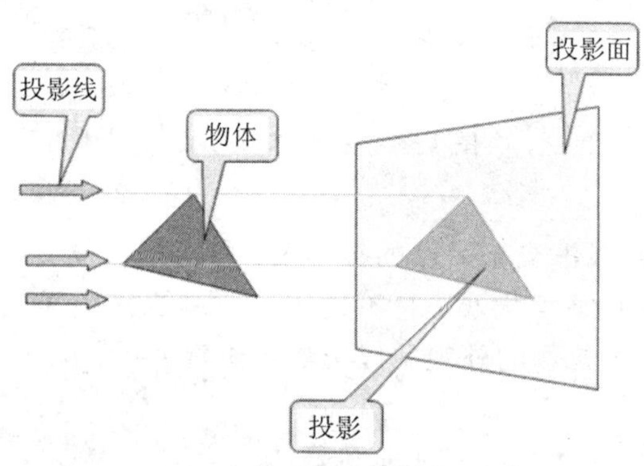

图 1-6 正投影法

3. 正投影

机械图样按正投影法绘制。正投影法所得到的投影能真实地反映物体的形状和大小，度量性好，作图简便，所以工程上通常采用正投影法来绘制工程图。按照投影面的多少，正投影又可以分为单面正投影和多面正投影。一般情况下，单面正投影往往还不能反应物体的真实形状及大小，因此工程上通常采用多面正投影，习惯上称为“正投影”。

1）正投影的基本特性

（1）实形性。当平面或直线段与投影面平行时，其投影反映实形（实长）。如图 1-7(a) 所示，投影面上△*abc* 各段长度均等于△*ABC* 对应各段长度。

（2）积聚性。当直线、平面、柱面垂直于投影面时，其投影分别积聚为一个点、一条直线、一条曲线。如图 1-7(b)所示，△*ABC* 在投影面上积聚成为一条直线 *abc*。

（3）类似性。当直线、平面与投影面倾斜时，直线投影仍为直线，平面投影为类似形。如图 1-7(c)所示，投影面上的△*abc* 和△*ABC* 形状类似。

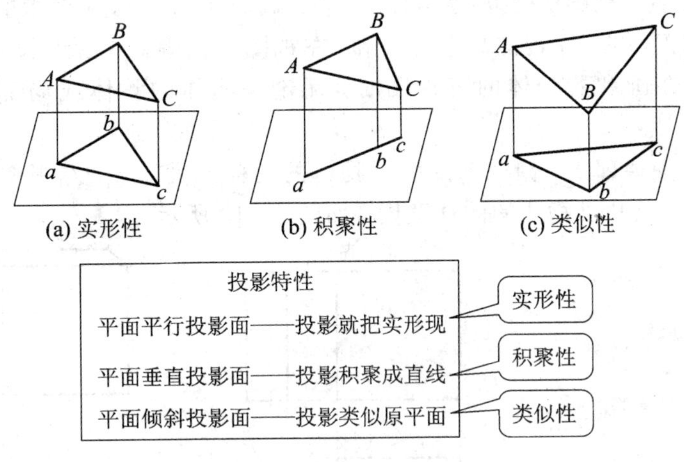

图 1－7　正投影的基本性质

2）投影规律

一般情况下，只用一个方向的投影来表达形体是不确定的，通常须将形体向几个方向投影，才能完整清晰地表达出形体的形状和结构。

由立体投影面 V、水平投影面 H 和侧立投影面 W 三个相互垂直的投影面构成的投影面体系为三投影面体系，如图 1－8 所示。立体投影面简称为正投影面或 V 面，水平投影面简称为水平面或 H 面，侧立投影面简称为侧平面或 W 面。其中，V 面上的投影为主视图，H 面上的投影为俯视图，W 面上的投影为左视图。

如图 1－9 所示，由投影面的展开规则可知，主视图不动，俯视图在主视图正下方，左视图在主视图正右方。按此规定配置时，不必标注视图名称。

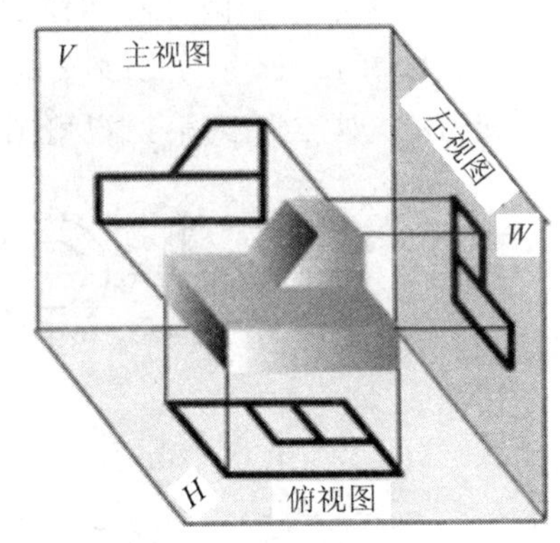

图 1－8　三投影面体系

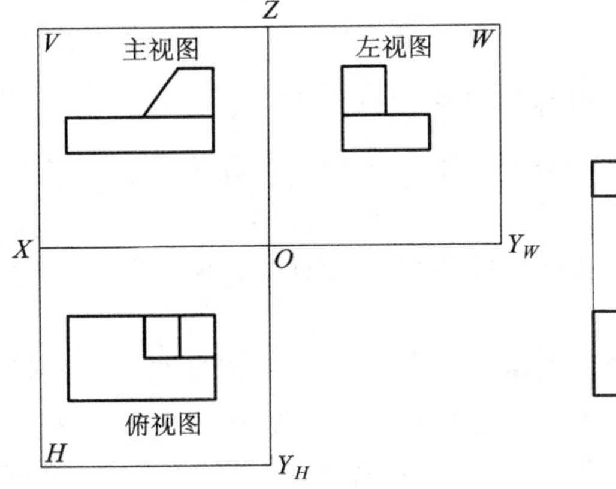

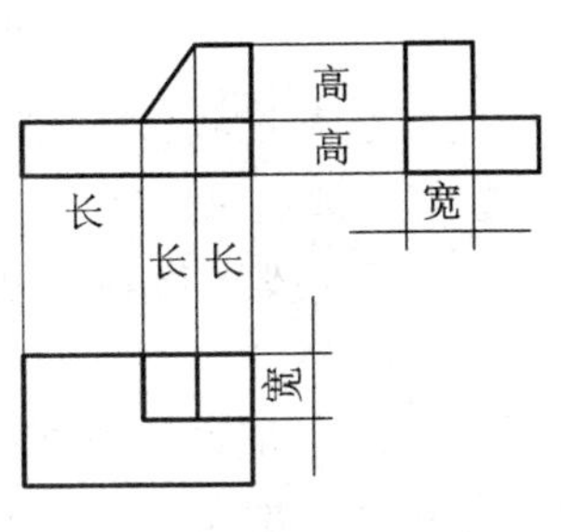

图 1－9　三视图的展开

物体有长、宽、高三个方向的大小，从图 1－9 可以看到，每个视图只能反映物体两个方向的尺寸。主视图反映物体的长度和高度，俯视图反映物体的长度和宽度，左视图反映物体的高度和宽度。三视图所反映物体的长、宽、高三个大小与其投影的关系，可以概括为主、俯视图长对正，主、左视图高平齐，俯、左视图宽相等；或者说长对正、高平齐、宽相等。应当指出，在画和看物体的三视图时，无论是物体的整体或局部，都应遵守这个规律。

三视图的投影规律即主、俯视图反映了物体的同样长度，主、左视图反映了物体的同样高度，俯、左视图反映了物体的同样宽度，如图 1-10 所示。

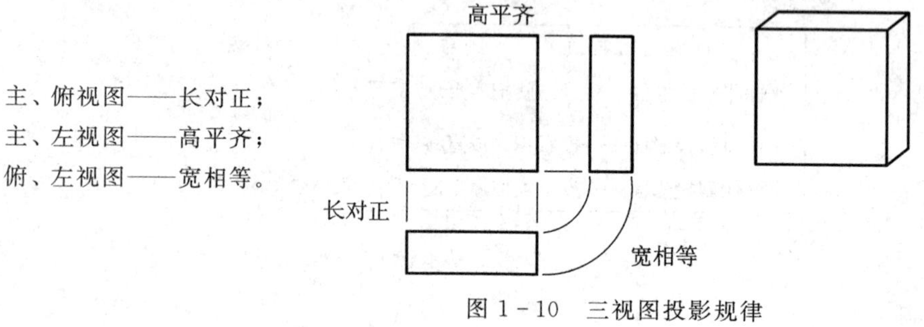

图 1-10　三视图投影规律

3）投影视角

ISO 标准中的两种制图模式——第一视角和第三视角，在技术样图中优先采用第一视角图，如图 1-11 所示。必要时允许使用第三视角图，如图 1-12 所示。但在国际间的技术交流中，常会用到第三视角图画法的图纸。

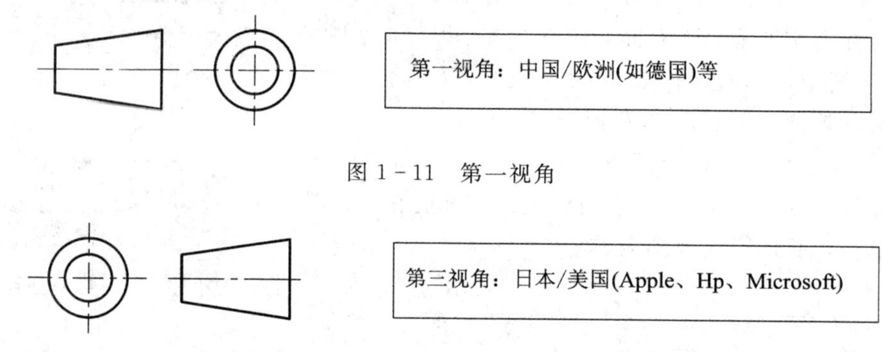

图 1-11　第一视角

图 1-12　第三视角

第一视角法就相当于把物体放在坐标系的第一象限。人在第一象限前方，人眼位置是光源，是人眼－物体－图形的顺序；把物体向 XZ 平面投影得到主视图，向 XY 平面投影得到俯视图，向 YZ 平面投影得到右视图。即实物放在图纸和你的眼睛中间，从眼睛方向投影到图纸上。

第三视角法就相当于把物体放在坐标系的第三象限；人还是在第一象限前方，用人眼透过坐标平面去看物体，是人眼－图形－物体的顺序；人眼所看到的物体在 XZ 平面留下的投影得到主视图，在 XY 平面留下的投影得到俯视图，在 YZ 平面留下的投影得到左视图。第三视角法是所见即所得，眼前看到什么就画下什么，即图纸放在实物和你的眼睛中间，实物从你的眼睛方向投影到图纸上。简单说就是左视图在左边，右视图在右边。

基本视图名称及其投影方向的规定如下：

① 前视图——由前向后投影所得的视图；

② 俯视图——由上向下投影所得的视图；

③ 左视图——由左向右投影所得的视图；

④ 右视图——由右向左投影所得的视图；

⑤ 仰视图——由下向上投影所得的视图；

⑥ 后视图——由后向前投影所得的视图。

4) 第一象限(视角)法之正投影多视图

物体处于观察者与投影面之间，各视图的配置关系是：主视图在中，左视图在右，右视图在左，俯视图在下，仰视图在上，后视图在最左，如图 1－13 所示。

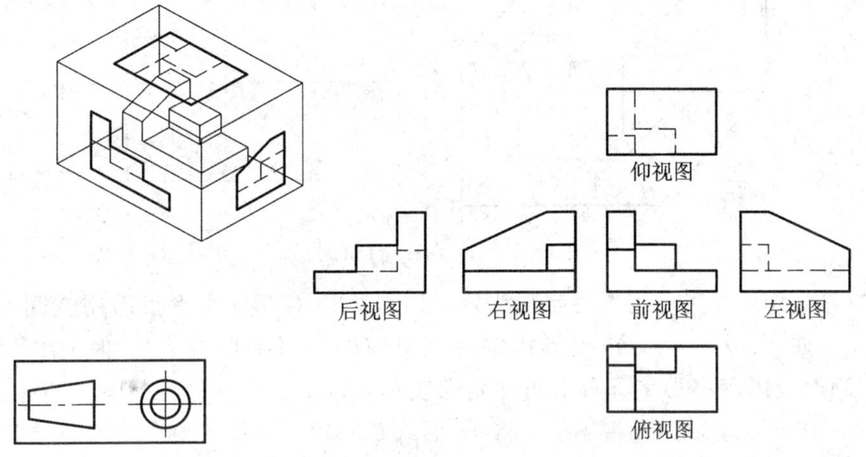

图 1－13　第一视角图基本投影的展开方法

5) 第三象限(视角)法之正投影多视图

投影面位于观察者与物体之间，各视图的配置关系是：主视图在中，左视图在左，右视图在右，俯视图在上，仰视图在下，后视图可以配置在最右也可以配置在最左，如图 1－14 所示。

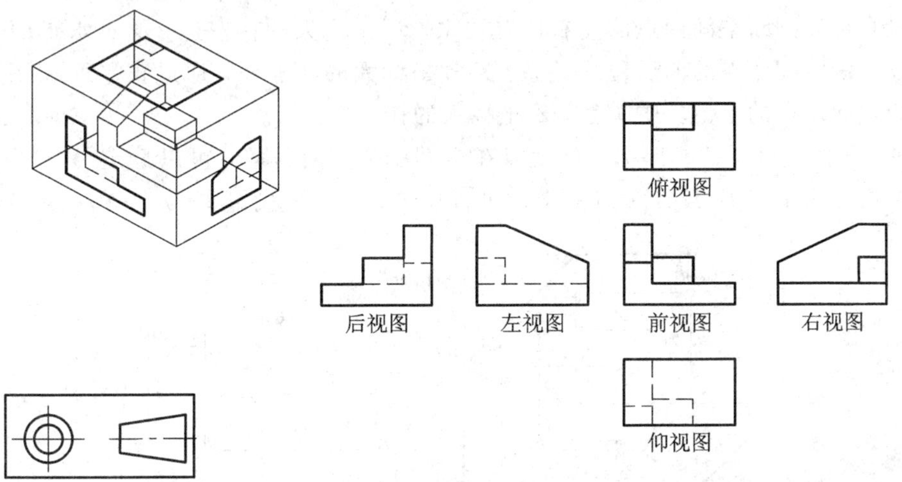

图 1－14　第三视角图基本投影的展开方法

1.3.2 点的投影

点是作图的基本元素，任何物体都可以看做是点的集合。下面我们先来学习点的投影规律。点的投影仍然是点，但是点的单一投影不能反映点在空间的具体位置，需要多个投影才能确定点在空间的位置。如图 1-15 所示，空间有一点 A，过 A 点向 H 面水平投影得到点 a'，向 V 面垂直投影得到 a'，向 Z 面侧投影得到 a''。

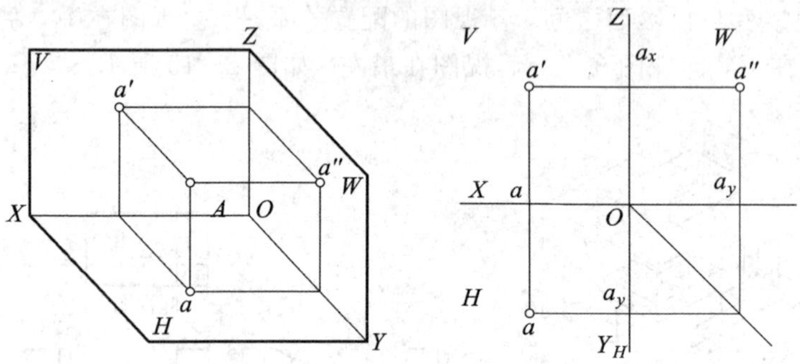

图 1-15　A 点在空间的投影

本书符号规定：空间点用大写字母表示，如 A、B、C 等；水平投影用空间点对应的小写字母表示，如 a、b、c 等；正投影用空间点对应的小写字母右上角加一撇表示，如 a'、b'、c'等。侧面投影用小写字母右上角加两撇表示，如 a''、b''、c''等。

如图 1-15 所示，V 面保持不动，将 H 面绕 OX 轴向下旋转 90°与 V 面重合，将 W 面绕 OY 轴向后旋转 90°与 V 面重合，得到点的三面投影图，如图 1-15 右侧图所示。

从图 1-15 中 A 点的三面投影图中可以证明：

(1) a 和 a'的连线 aa'与 OX 轴相垂直，a'和 a''的连线 $a'a''$与 OX 轴相平行。

(2) a 点到 OX 轴的距离等于 a''到 OZ 轴的距离，图中用 45°分角表明了这一关系。

空间两点的相对位置关系可以通过同一个投影面中两点的坐标差来判断，通过水平面和正面投影可以判断空间两点的左右位置关系，X 坐标大的在左边；通过水平面和侧平面投影可以判断空间两点的前后位置关系，Y 轴坐标大的在前面；通过正平面和侧平面投影可以判断空间两点的上下位置关系，Z 坐标大的在上面。

如图 1-16 所示，要判断 A、B 两点在空间中的相对位置，可以选定 A 点为基准，然后在各个投影面中将 B 点与 A 点的坐标进行比较：在水平投影中，b 点在 a 点的前方，即

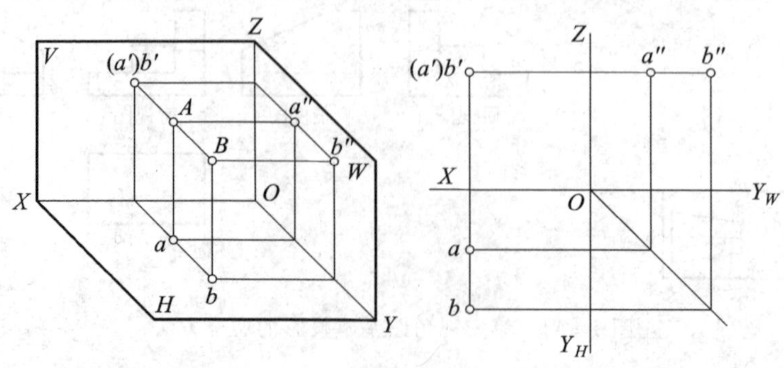

图 1-16　空间中两点的投影

$Y_a < Y_b$，表示 B 点在 A 点的前方；在垂直投影中，a'，b'两点重合，表示 A、B 两点为重影点，即 A、B 两点位于一条垂直于 V 面的直线上；在侧平面上的投影中，b''、a''点同位于一条平行于 X 轴的直线上，即 $Z_{a''} = Z_{b''}$，表示 A、B 两点同在一条平行于侧平面的直线上。根据以上分析，可以判断 A、B 两点同在一条平行于侧平面、垂直于正平面的直线上，B 点在 A 点的前方。

1.3.3　直线的投影

空间任意两点可确定一条直线。一般位置直线的投影仍为直线，特殊位置直线的投影积聚为点。直线的投影可以通过直线上两点来确定。在投影面上找到直线上的两点，两点的连线即为直线在投影面上的投影。如图 1－17 所示，分别找到 A、B 两点在三个投影面上的投影 $A(a, a', a'')$、$B(b, b', b'')$，将 ab、$a'b'$、$a''b''$进行连接，即可得到 AB 直线在各个投影面的投影图。

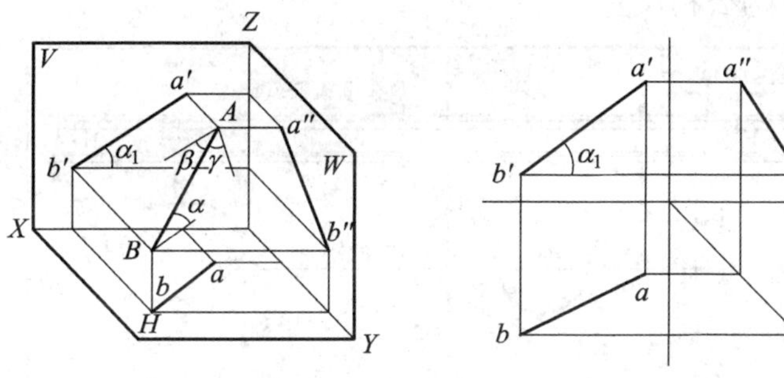

图 1－17　直线的投影图

1.3.4　面的投影

不同直线上的三个点可以确定一个平面。在对空间一般位置的平面进行投影时，找到空间平面上不在同一直线上的三个点，确定这三个点在各个投影面上的投影，将投影面上的三个点进行连接即可得到一般位置平面在投影面上的投影。如图 1－18 所示，三角形 ABC 为一般位置平面，在各个投影面上找到 $A(a, a', a'')$、$B(b, b', b'')$、$C(c, c', c'')$，将 a、b、c，a'、b'、c'，a''、b''、c''进行连接即可得到三角形 ABC 在各个投影面上的投影。

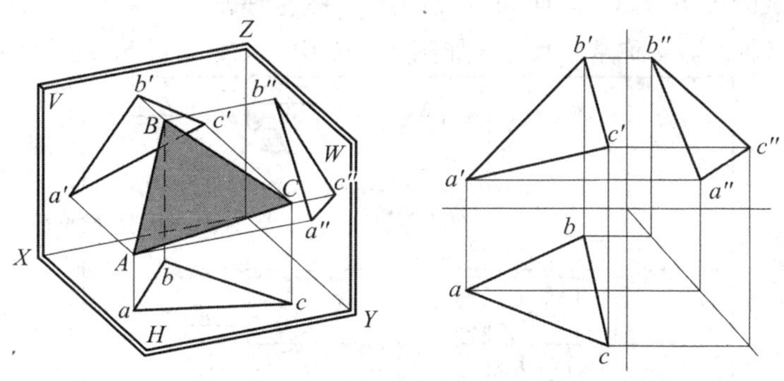

图 1－18　一般位置平面的投影图

1.4 尺寸分类与注法

1.4.1 尺寸的定义和分类

图形只能表示物体的形状，不能表达物体的大小。以特定单位表示线性尺寸值的数值定义为尺寸。尺寸是图样中的重要内容之一，是制造零件的依据。尺寸标注应当满足清晰、合理、正确等要求，除了要满足零件的使用性能，还要满足加工工艺要求，使零件既能在机器中良好地工作，又便于加工制造、检测维修。要达到这一目标，就要分清零件尺寸的主、次关系，选择合理的尺寸公差和正确的尺寸基准。

1. 公称尺寸

用以鉴别物体大小，表示其长度之数值的尺寸亦称为公称尺寸，如图 1－19 所示，尺寸 29.80±0.15 中，29.80 为公称尺寸。

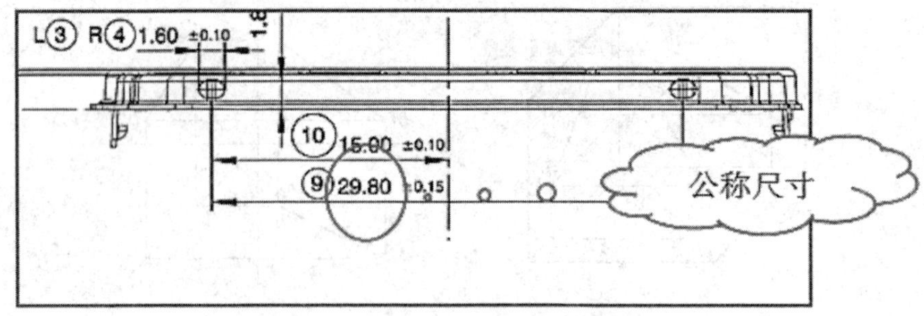

图 1－19 公称尺寸

2. 实际尺寸

通过测量获得的尺寸称为实际尺寸。任何测量都存在一定的误差，因此实际尺寸并非为被测尺寸的真实值。比如一个孔的尺寸为 ϕ10.225 mm，测量误差在±0.001 mm 内，孔的真实尺寸值将在 ϕ10.224 mm～ϕ10.226 mm 之间。被测物体的真实尺寸是客观存在的，但是实际尺寸是随机的。在误差允许范围内，我们只能将所测得的尺寸作为实际尺寸。

3. 理论正确尺寸

确定被测要素的理想形状、方向和位置的尺寸称为理论正确尺寸。该尺寸不附带公差，并以细实线的框格围之，又称基本尺寸，如图 1－20 中 105.00、19.59 均为理论正确尺寸。

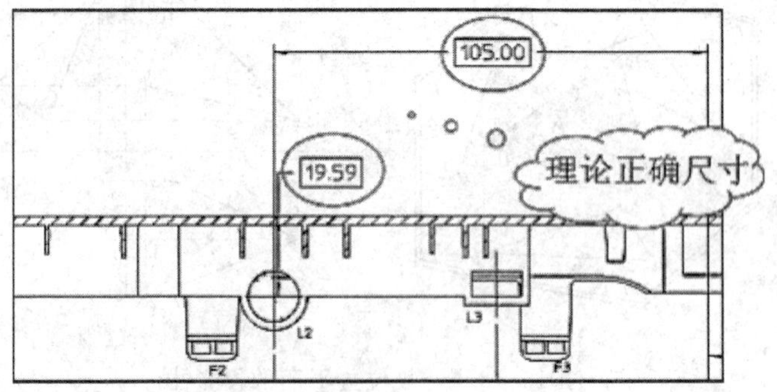

图 1－20 理论正确尺寸

4. 极限尺寸

在一个尺寸允许的两个极端中，最大的一个称为最大极限尺寸，最小的一个称为最小极限尺寸，如图 1－21 所示。在图 1－21(a)中，ϕ10.2 为最小极限尺寸，ϕ10.4 为最大极限尺寸；在图 1－21(b)中，ϕ10.4 为最大极限尺寸，ϕ10.6 为最小极限尺寸。

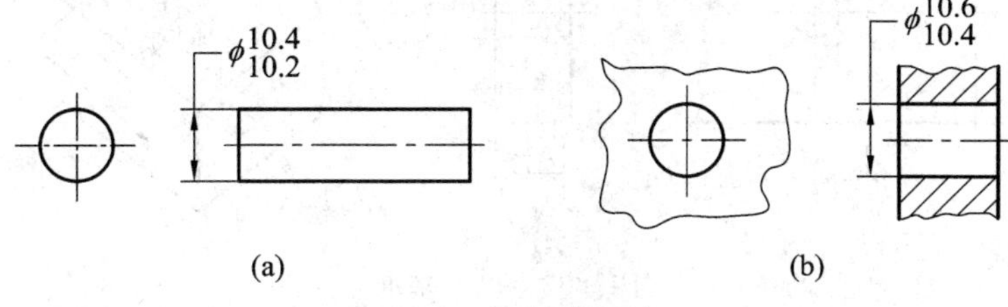

图 1－21　极限尺寸

5. 尺寸偏差

最大极限尺寸减去公称尺寸所得的代数差称为上偏差，最小极限尺寸减去公称尺寸所得的代数差称为下偏差。上下偏差统称为极限偏差，偏差可正可负。如图 1－22 所示，尺寸 $\phi\ 50^{+0.008}_{-0.008}$的上偏差为＋0.008，下偏差为－0.008。

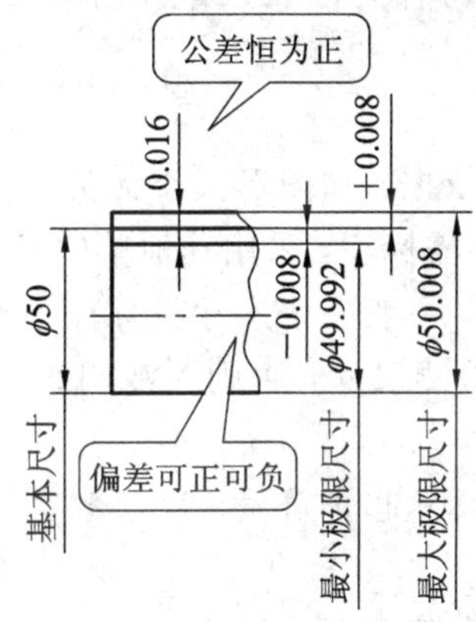

上偏差：最大极限尺寸与公称尺寸之差；
下偏差：最小极限尺寸与公称尺寸之差。

图 1－22　尺寸偏差

6. 尺寸公差

在实际生产中，零件的尺寸是不可能加工得绝对准确的，而是允许零件的尺寸在一个合理的误差范围内，这个允许的尺寸范围变动量简称为“公差”。尺寸公差在数值上等于最大极限尺寸减去最小极限尺寸，尺寸公差只能是正值或零。

例如 $\phi\ 20^{+0.5}_{-0.31}$，其中 ϕ20 为公称尺寸，0.81 为公差；0.5 为上偏差，－0.31 为下偏差；20.5 和 19.69 分别为最大极限尺寸和最小极限尺寸。

7. 尺寸基准

尺寸基准是标注定位尺寸的基准，尺寸基准一般分为设计基准(设计时用以确定零件结构位置)和工艺基准(制造时用于定位、加工和检验)。

零件上的底面、端面、对称面、轴线及圆心等都可以作为基准尺寸。基准又分为主要基准和辅助基准。一般在长、宽、高三个方向各选一个设计基准作为主要基准，它们决定零件的主要尺寸。这些主要尺寸影响零件的工作性能、装配精度，因此，主要尺寸要从主要基准直接注出。除主要基准之外的其余尺寸基准则为辅助基准，以便于加工和测量。如

图 1-23 所示，孔中心线的位置度由三个基准平面 A、B、C 共同确定。

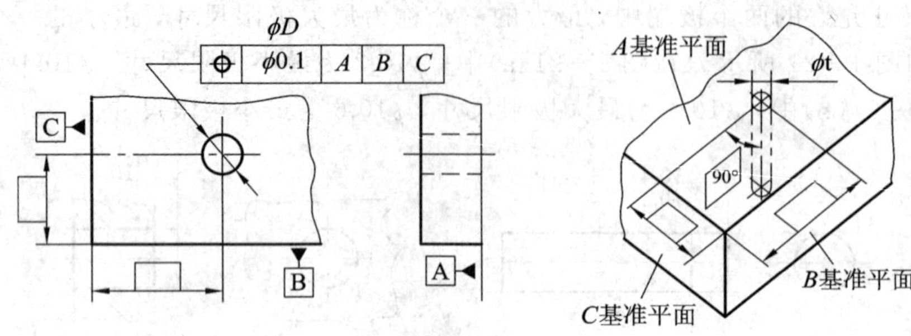

图 1-23 尺寸基准

1.4.2 尺寸的注法

在对零件进行标注时，应充分了解零件的各个组成部分的结构形状和作用，确定主要尺寸和设计基准。一般应从设计基准开始标注主要尺寸。国家标准规定了尺寸标注的规则和方法，在对零件进行尺寸标注时要严格执行国家的有关标准。零件图的尺寸一定要标注齐全，否则将无法对零件进行加工。

1. 基本规则

(1) 零件大小应该以图样所标注的尺寸数据为依据，和图形大小无关。

(2) 图样默认以 mm 为基本单位，绘制图形时不需标注，采用其他单位尺寸时应该注明。

(3) 尺寸应该标注在最能反映该结构的位置上，一般一个尺寸只标注一次。

(4) 图样尺寸为最后完工的尺寸，用于加工、检测尺寸，否则应注明。

2. 尺寸组成

一个完整的尺寸一般包括尺寸线、尺寸界线、尺寸起止符号、尺寸数字。

1) 尺寸线

(1) 尺寸线必须采用细实线绘制，不得与图样中其他图形线重合；

(2) 尺寸线表示尺寸长短和方向；

(3) 尺寸线不得超出尺寸界线；

(4) 尺寸线和被标注的轮廓线之间的距离应为 5～7 mm。

2) 尺寸界线

(1) 尺寸界线采用细实线绘制，表示尺寸的界线；

(2) 尺寸界线一般由图形轮廓线、轴线、对称中心线引出；

(3) 尺寸界线一般和轮廓线保持垂直，必要时可以倾斜一定角度。

3) 尺寸起止符号

尺寸线的终端一般为箭头或者斜线，一个图样中只能采用一种终端形式。

4) 尺寸数字

(1) 尺寸数字一般标在尺寸线上方中间部位，当位置不够时，可以引出标注，尺寸数字表示物体的真实尺寸；

(2) 任何图线不得穿过尺寸数字，否则需将该图线断开；

(3) 同一样图中，尺寸数字的高度应该保持一致，一般采用 3.5 字号。

1.5　图纸的幅面和格式

1.5.1　图的基本概念

机械制图是机械制造、房屋建筑等工程必需的一个过程，图纸是机械制造、房屋建筑制造全过程的技术语言。为了便于生产管理、技术管理、技术交流、保证产品的品质，国内以及国际上的众多标准组织制定了许许多多的标准，图纸幅面就是其中之一。

图是用点、线、符号、文字和数字等描绘事物几何特性、形态、位置及大小的一种形式，是表达设计意图、记录创新构思灵感、交流技术思想的重要工具。

1. 图的重要性

图文件对任何一家公司来说都是极其重要的资料，这是因为：

(1) 图包含有客户具体的质量要求，如尺寸、使用性能、外观以及产品的其他相关要求。

(2) 图是设备、夹具、模具及产品等生产所需的技术资料。

(3) 品质检验、技术参考及清单等文件的编写、流程的安排等均需依据图纸。

(4) 图对产品的变更及设计具有很高的参考价值，同时也是产品变更追溯性的依据。

2. 公司常用图

在机械等相关企业，常用的图纸根据用途通常分为客户图、装配图、厂内组立图、零件图等。这些图纸对于相应的部门有着不可替代的重要作用。

1) 客户图

客户图指提供给客人做确认之图，适用于业务部门和品管部门，主要用于业务推广、客户承认、出货检验等功能。

2) 装配图

装配图指表达机器或部件的工作原理、运动方式、零件间的连接及其装配关系的图样，它是生产中的主要技术文件之一。在生产一部新机器或者部件的过程中，一般要先进行设计，画出装配图，再由装配图拆画出零件图，然后按零件图制造零件，最后依据装配图把零件装配成机器或部件。在对现有的机器和部件进行检修的工作中，装配图是必不可少的技术资料。在技术革新、技术协作和商品市场中，也常用装配图纸体现设计思想、交流技术经验和传递产品信息。

3) 厂内组立图(成品图)

厂内组立图指由两个以上零件经过组合而成的图，常用于指导生产部门和品管部门，主要用于厂内生产、品管制程检验、尺寸量测、功能测试等。

4) 零件图

零件图是表达单个零件形状、大小和特征的图样，也是在制造和检验机器零件时所用的图样，又称零件工作图。在生产过程中，根据零件图样和图样的技术要求进行生产准备、加工制造及检验。因此，它是指导零件生产的重要技术文件。零件图适用于制造部门、品管部门、生产部门，主要用于制造部门生产零件之依据，品管制程或进料检验、尺寸确认等。

1.5.2　图纸幅面简介

图纸幅面是指图纸宽度与长度组成的图面。图纸幅面内通常包含图框、标题栏、图样等，有些还应包含有明细栏、技术要求等信息。

绘制图样时，应该优先选用如图 1-24 中的粗实线或表 1-2 所列出的基本幅面。

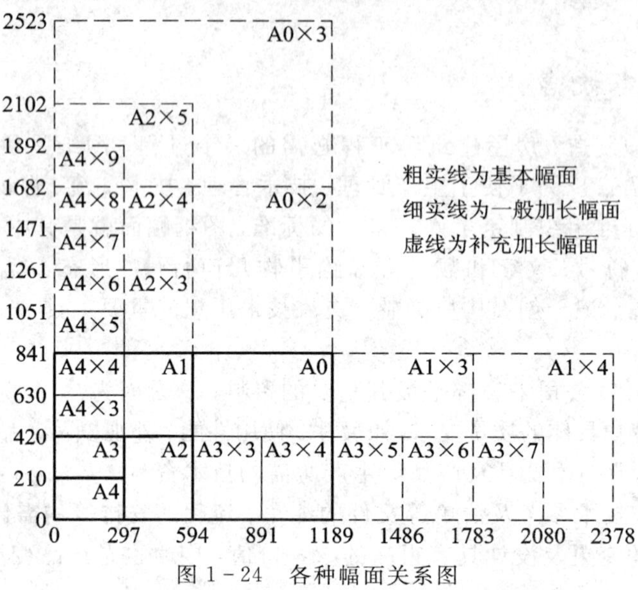

图 1-24 各种幅面关系图

表 1-2 基本幅面尺寸 （单位：mm）

种类	幅面代号	尺寸 B×L
基本幅面	A0	841×1189
	A1	594×841
	A2	420×594
	A3	297×420
	A4	210×297

当有特别要求或特殊情况时，也可以选用如图 1-24 所示的细实线、虚线或表 1-3 和表 1-4 所列出的一般加长幅面和补充加长幅面。这些幅面尺寸是由基本幅面的短边成整数倍增加后得出的。

表 1-3 一般加长幅面尺寸 （单位：mm）

种类	幅面代号	尺寸 B×L
一般加长幅面	A3×4	420×1189
	A3×3	420×891
	A4×5	297×1051
	A4×4	297×841
	A4×3	297×630

表 1-4　补充加长幅面尺寸　（单位：mm）

幅面代号	尺寸 B×L	幅面代号	尺寸 B×L
A0×3	1189×2523	A3×7	420×2080
A0×2	1189×1682	A3×6	420×1783
A1×4	841×2378	A3×5	420×1486
A1×3	841×1783	A4×9	297×1892
A2×5	594×2102	A4×8	297×1682
A2×4	594×1682	A4×7	297×1471
A2×3	594×1261	A4×6	297×1261

1.5.3　幅面的格式及布局

如图 1-25(a)所示，一张完整的工程图幅面主要包括横轴和纵轴、标题栏、技术要求等。一些企业还有自己的幅面布局标准，如图 1-25(b)所示，主要包括横轴和纵轴、标题栏、注解(Notes)区和变更(ECN)栏。

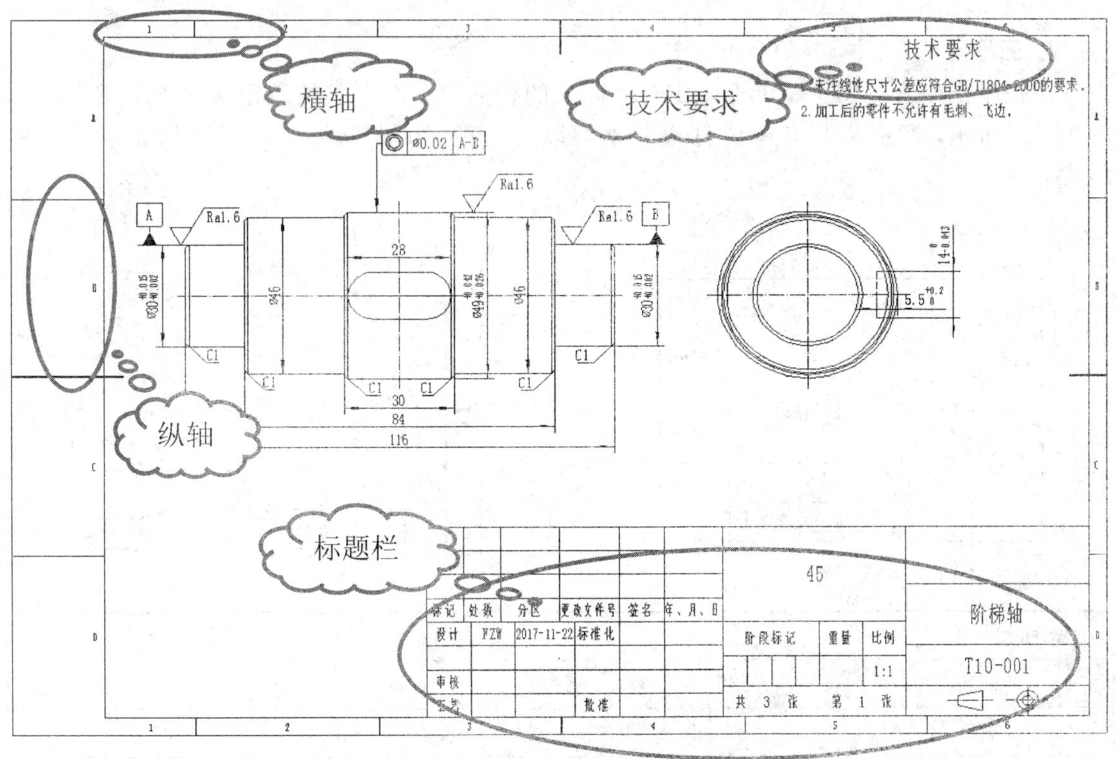

（a）工程图幅面

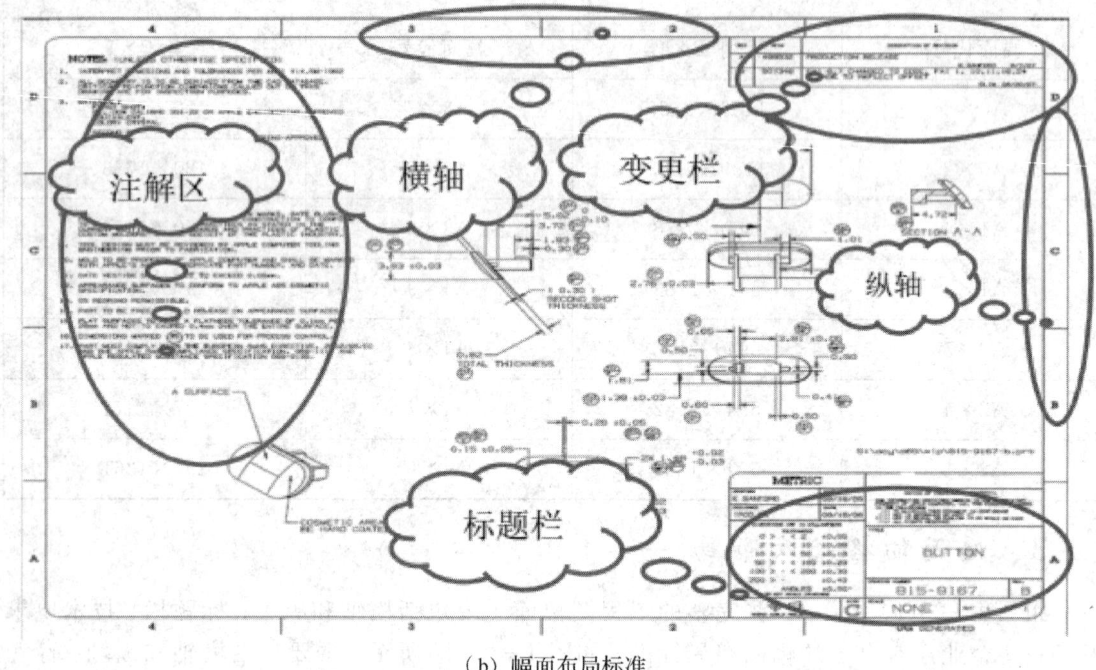

（b）幅面布局标准

图 1-25　幅面的格式

1. 图框

图框是指工程制图中图纸上限定绘图区域的线框。图纸上必须用粗实线画出图框。如图 1-26 所示，图框格式有留装订边和不留装订边两种，但同一产品图样只能采用一种格式。

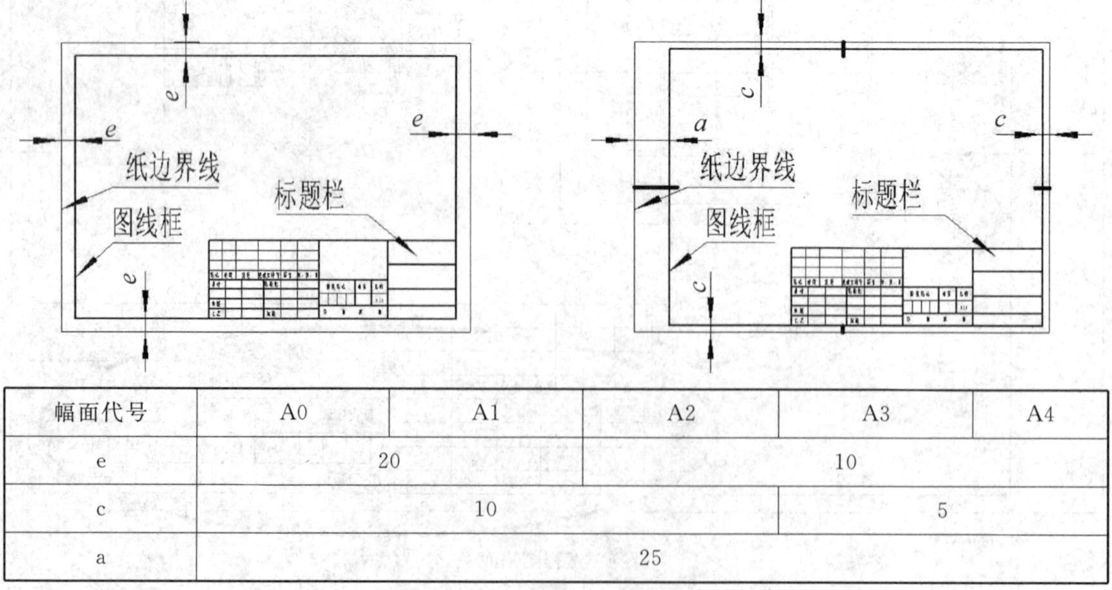

<table>
<tr><td>幅面代号</td><td>A0</td><td>A1</td><td>A2</td><td>A3</td><td>A4</td></tr>
<tr><td>e</td><td colspan="2">20</td><td colspan="3">10</td></tr>
<tr><td>c</td><td colspan="3">10</td><td colspan="2">5</td></tr>
<tr><td>a</td><td colspan="5">25</td></tr>
</table>

图 1-26　图框的尺寸

在图框的最外侧，将整个图框依 X 和 Y 方向分为若干个小区域，X 向按照阿拉伯数字来代表各区，Y 向按照英文字母来代表各区，目的是用来明确视图、尺寸等在整个图框中的位置。如图 1-27 所示，纵轴以英文字母顺序，从上至下（或从下至上）；横轴以阿拉伯数字为顺序，从左至右(或从右至左)。区域代号的写法以纵轴横轴为序。如图 1-27，$\phi 30$ 尺寸的区域代号为“B1”。

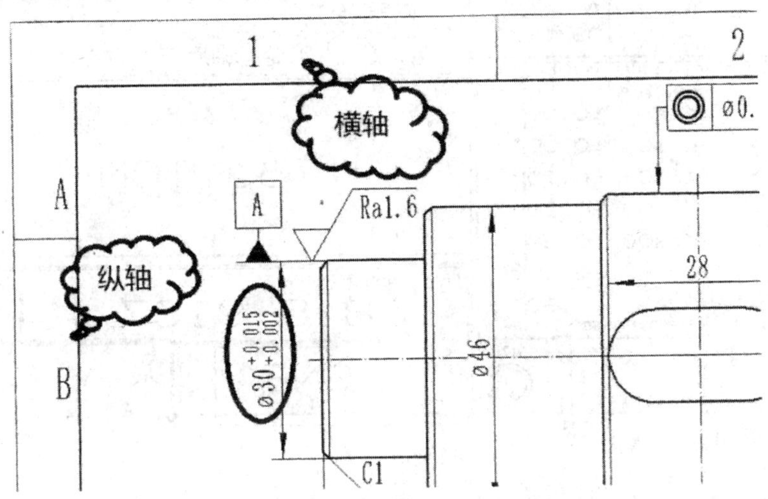

图 1-27　工程图面的横轴、纵轴

2. 标题栏区

标题栏用于显示产品的名称、材料、图样的编号、比例、设计、日期、更改文件号等信息，并包括产品设计与审核等部分，分布在图框右下角，主要分为更改区、签字区、其他区和名称及代号区，如图 1-28 所示。

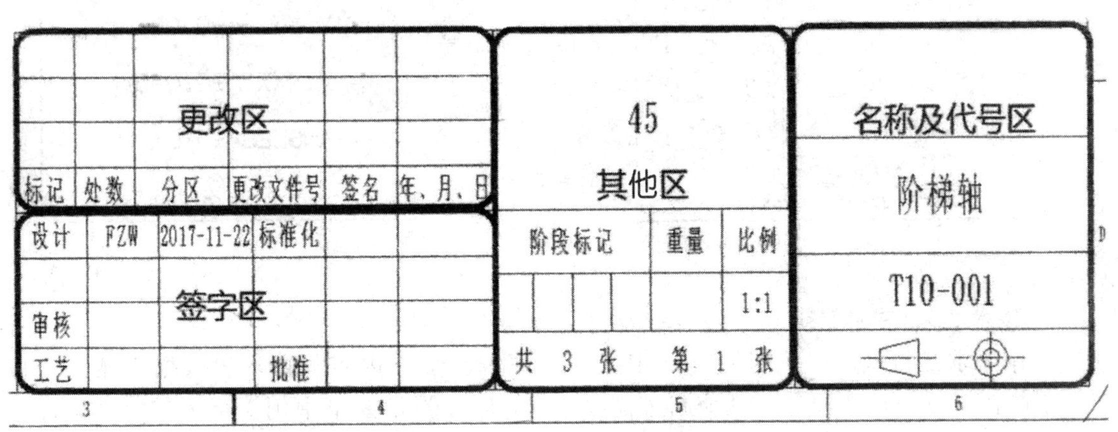

图 1-28　幅面的标题栏区

在一些企业标准中还会增加尺寸单位、公差、等信息，如图 1-29 所示。其中一般公差只针对图面上没有注明公差的尺寸，如图 1-30 所示。如公称值后附有特殊公差，则该尺寸则使用指定特殊公差。当公称值刚好处于分界线上，则取较大之公差。有些图面的一般未注公差由公称值的小数位数或大小决定。

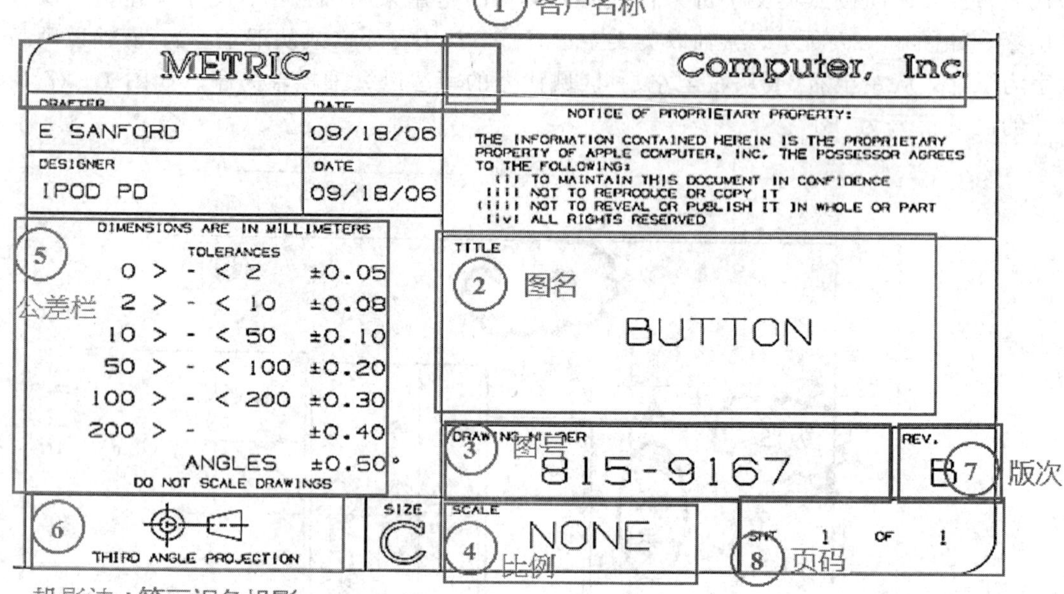

图 1-29　幅面的标题栏区

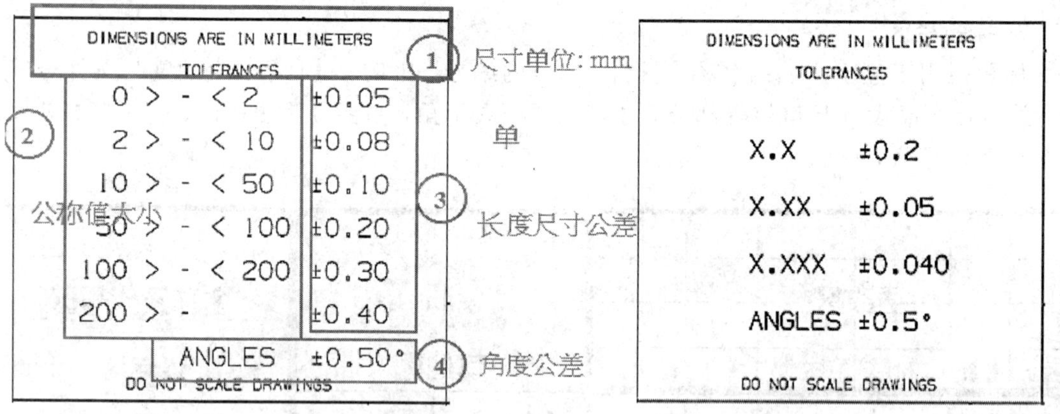

图 1-30　幅面的公差栏区

3. 技术要求(注解)区

技术要求是机械制图中对零件加工提出的技术性加工内容与要求。根据机械制图标准，不能在图形中表达清楚的其他制造检验要求，应在技术要求中用文字描述完全。对于品质检验来说，主要对管控尺寸的位置、材料、粗糙度等信息进行说明。对轴类零件来说，技术要求主要是：未经标注的粗糙度、倒角、形位公差等，即除图中已标注以外的其余部分；热处理要求与化学处理要求(硬度要求)；以及其他可能的技术要求，如锻造要求、切削后的纹理要求、运输储存要求等。

4. 变更(ECN)栏区

变更栏区的英文全称为 Engineering Change Note，在图框的右上角，用于记录变更的部分信息，便于经验积累及技术研讨等，如图 1－31 所示。

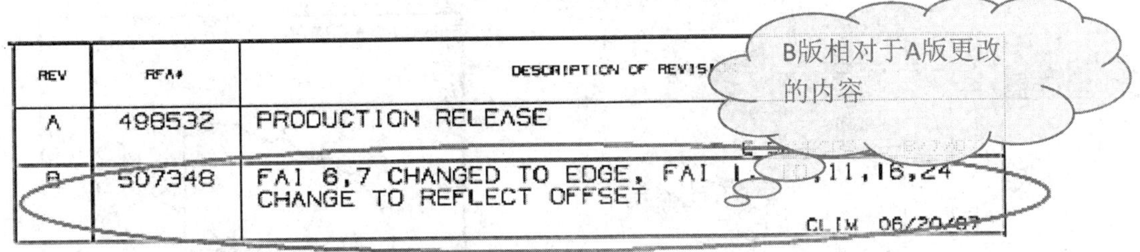

REV	RFA#	DESCRIPTION OF REVIS...
A	498532	PRODUCTION RELEASE
B	507348	FAI 6,7 CHANGED TO EDGE, FAI ...11,16,24 CHANGE TO REFLECT OFFSET CLIM 06/20/07

图 1－31 工程图面的 ECN 栏区

1.6 图面标注判读

1.6.1 图面标注的分类

图面的标注主要是指基准的标注，而基准的标注分为一般标注、多基准标注和基准目标。基准是机械制造中应用十分广泛的一个概念，机械产品从设计时零件尺寸的标注、制造时工件的定位、校验时尺寸的测量一直到装配时零部件的装配位置确定等，都要用到基准的概念。基准就是用来确定生产对象上几何关系所依据的点、线或面。

1. 一般标注(三基准)

尺寸标注是否合理关键在于能否正确地选择尺寸的基准。在工程图面的标注中，每个零件都有长、宽、高三个方向的基准。如图 1－32(a)所示，第一基准(A)为 Z 轴方向基准，第二基准(B)为 X 轴方向基准，第三基准(C)为 Y 轴方向基准。

2. 多基准标注

基础标注除了标示有 A、B、C 三基准外，有时根据设计、加工、测量上的要求，还需要附加一些基准。如图 1－32(b)所示，在局部视图中可能还会有 E、F 等基准标示。

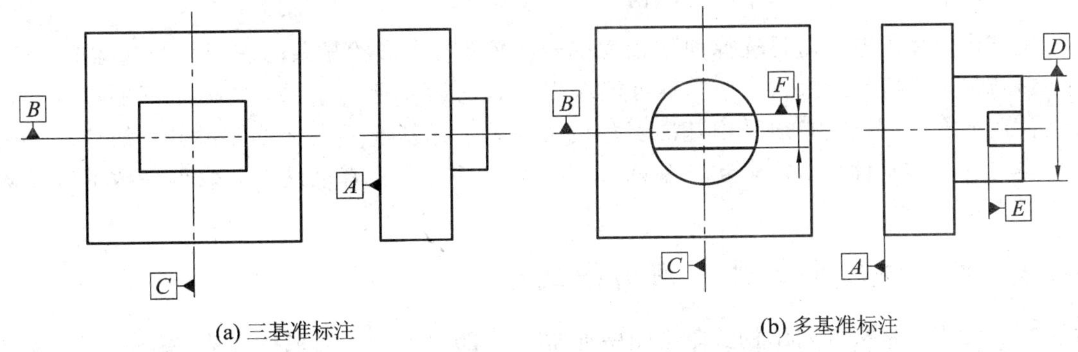

图 1－32 图面标准的三基准与多基准标注

3. 基准目标

基准目标是指用基准要素上某些点、线或局部表面来体现各基准平面，这些被指定的点、线、局部表面称作基准目标。如图 1－33 所示，基准目标可分为基准目标点、基准目标线、基准目标面和基准目标距离。

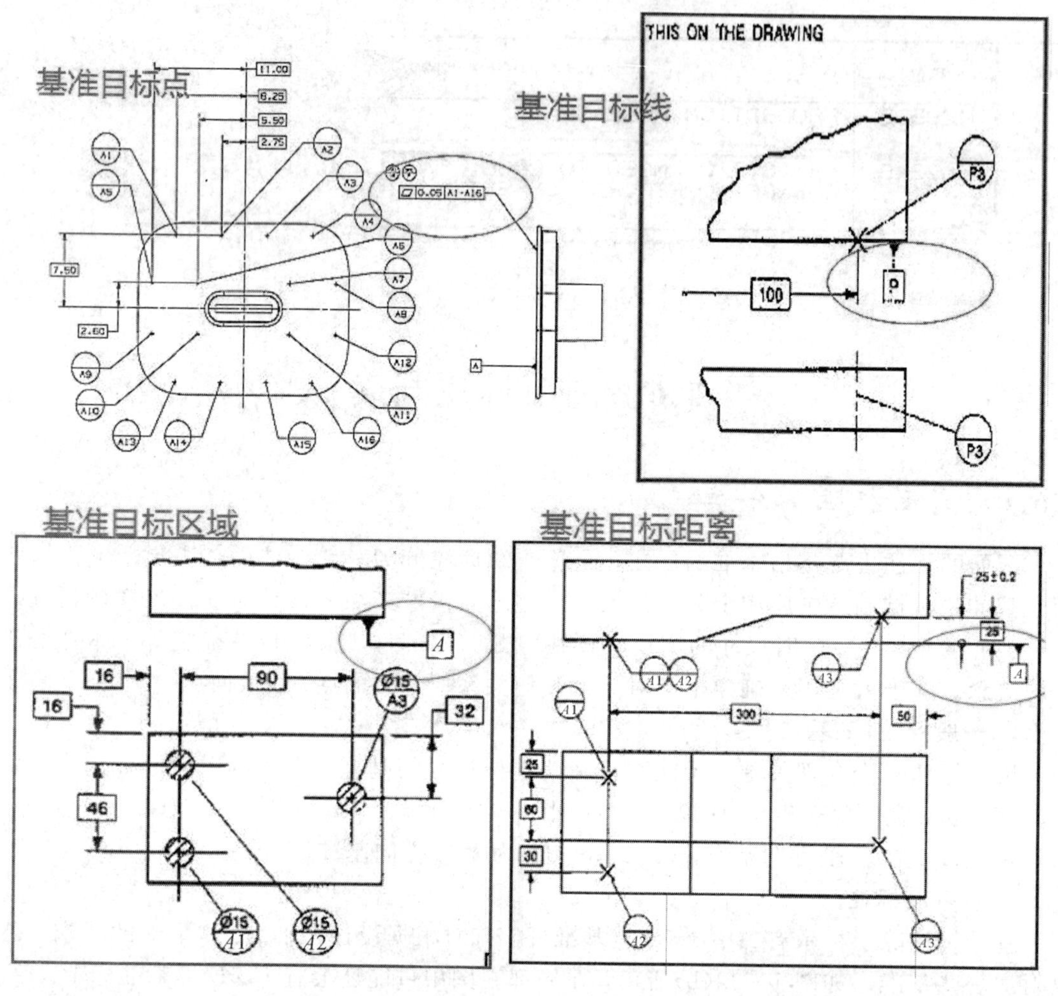

图 1－33　基准目标

生产中，有些零件需要选择面积较大或表面较粗糙、形状复杂的表面作为基准要素时，往往造成加工、检验结果不一致，不可能取得一致的误差评定结果，使加工好的零件难以满足使用要求。因此，必须采用基准目标的方法，选择基准要素上的某些点、线或局部表面来体现各基准平面，以建立起三基面体系，使加工与检验基准统一，取得一致的误差评定结果。

1.6.2　图面绘图中机件常用的表达方法

为了表达清楚机件的结构，在绘图中通常用局部放大图、剖视图来表达一些正常无法表达或表达不清楚的部位，以方便识图。

1. 局部放大图(DETAIL)

当机件的某些结构比较小，按照原视图所用的比例绘制，图形过小而表达不清楚，也不方便标注尺寸时，可以采用局部放大画法。将零件的部分结构用大于原图形所采用的比例画出的图形，称为局部放大图，如图 1-34 所示。

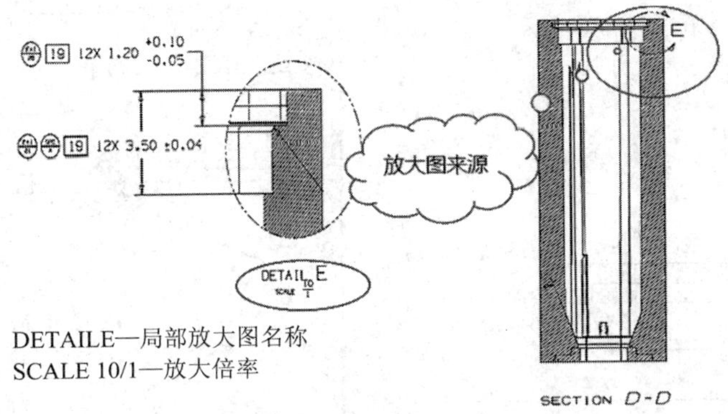

图 1-34 局部放大图

2. 剖视图(SECTION)

当机件的内部结构比较复杂，在画视图时会出现较多的虚线，不仅影响视图清晰，也不便于画图和标注尺寸时，为了清楚地表达机件内部的结构形状，假想用剖切面剖开零件，将处在观察者和剖切面之间的部分移去，而将其余部分向投影面投影所得到的图形称为剖视图，如图 1-35 所示。

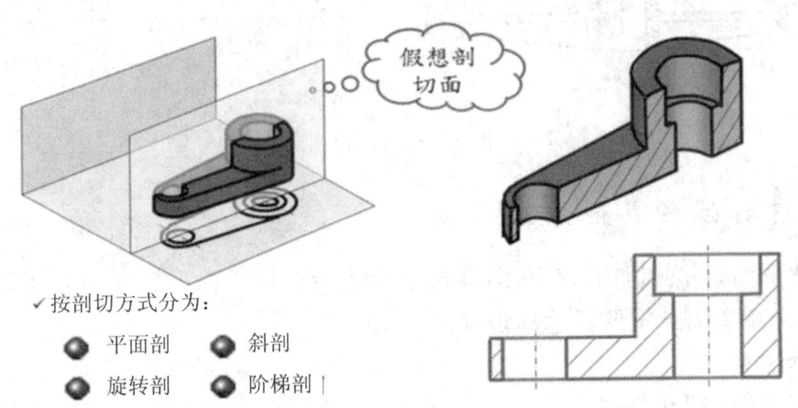

图 1-35 剖视图的形成

因为机件内部结构形状的多样化，剖解平面也不尽相同。根据剖切平面的不同，可分为平面剖、斜剖、旋转剖和阶梯剖。

(1) 平面剖是指用单一的平行于 X 轴或 Y 轴的平面对机件进行剖切，如图 1-36(a)所示。

(2) 斜剖是指用单一的倾斜平面对机件进行剖切，如图 1-36(b)所示。

(3) 旋转剖：当机件的内部结构不在同一平面，但是却沿物体的某一回旋轴线分布时，可以采用几个相交于回转轴的剖切平面剖开物体。绘图时先按剖切位置剖开机件，然后再将倾斜部分旋转到与基本投影面平行再进行投射旋转剖，这种剖切方式称为旋转剖，如图 1-36(c)所示。

(4) 阶梯剖：当机件的内部结构位于几个平行的平面上，可以采用几个平行的剖切面剖开物体，这种方法称为阶梯剖，如图 1-36(d)所示。

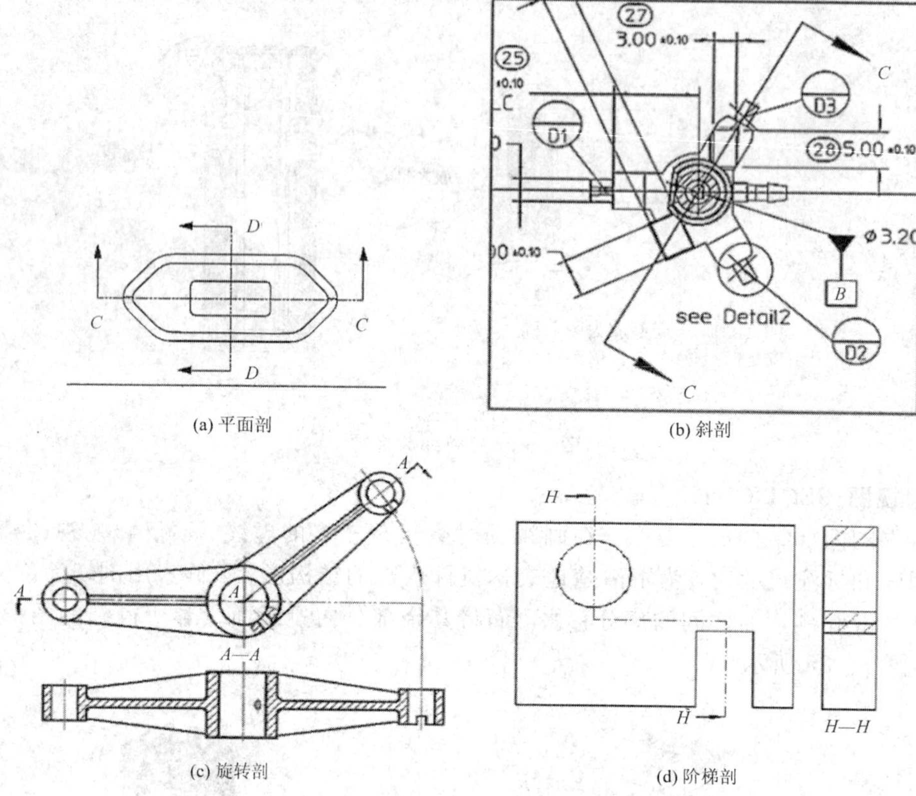

图 1-36 剖视图

1.6.3 机件标注的其他表达方法

为了简化图面，方便识图，有些图纸通常会改变标注方法和标识等，常用的方法有重复尺寸标注、注解标注、重要尺寸标识等。

1. 重复尺寸标注

在工程图面中，当机件存在多个相同量测位置时，为简化标注只需要标注其中一个尺寸，并在标注中表明数量。如图 1-37 所示，$12\times1.20^{+0.10}_{-0.05}$ 和 $12\times3.50\pm0.04$ 分别表示有 12 个尺寸为 $1.20^{+0.10}_{-0.05}$ 和 12 个 3.50 ± 0.04 的测量位置。

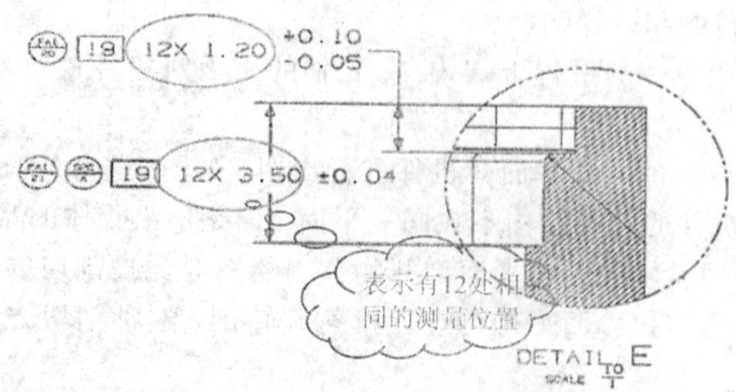

图 1-37 重复尺寸

2. 注解(Notes)标注

注解标注主要注明产品材质、要求以及成品的技术要求与注意事项，使人更充分地了解产品的功能与要求。

注解标注主要针对图样的样品进行说明，或对管控尺寸进行解释说明，一般在尺寸前注释序号，根据序号查看注解栏内的解释，如图 1－38 中序号 19 号的标注与注解。

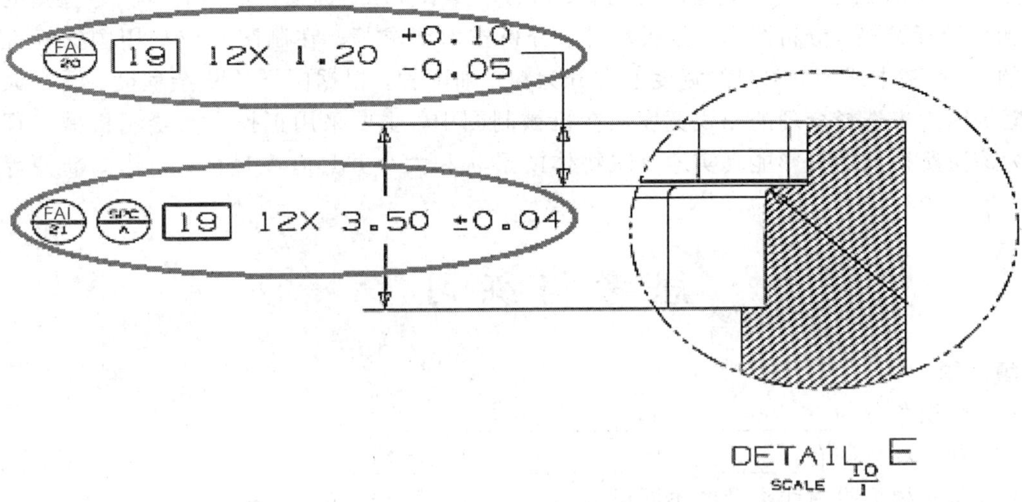

图 1－38　注解的标注

3. 重要尺寸标识

1) SPC(Statistical Process Control，统计制程控制尺寸)

如图 1－39 所示，SPC 是一种借助数理统计方法的过程控制工具。它对生产过程进行分析评价，根据反馈信息及时发现系统性因素出现的征兆，并采取措施消除其影响，使过程维持在仅受随机性因素影响的受控状态，以达到控制质量的目的。

2) FAI (First Article Inspection，首样检验)

如图 1－39 所示，FAI 检测是指首件检验。模具开发完成后，制作的第一件样品就是首件。对首件进行三维测量(误差测量)则指首件检验。

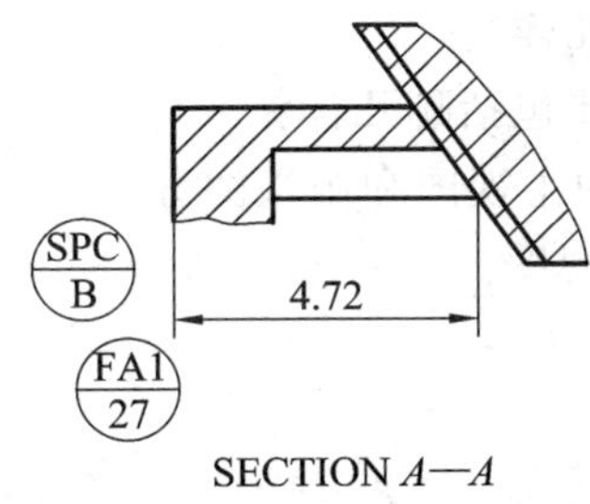

图 1－39　SPC、FAI 的标注

零件首件尺寸检验报告用来检验所开模具成型出来的产品尺寸是否在公差范围之内。一般每个公司都有特定的表格格式。

本章小结

本章通过识图介绍了以点、线、标注、标识、幅面等组成的工程图。工程图是工程人员表达设计思想、进行交流的重要资料，一个优秀的质检人员应当具备良好的识图能力。而工程图中最重要的就是零件图，包含向视图、尺寸、技术要求、标题栏等。看一张零件图的基本步骤是看标题栏、分析图形、分析尺寸、分析技术要求等。在制图时应采用国家标准中规定的15种基本线型，图线的宽度通常分为粗、细两种，根据图样的复杂程度、图幅大小、比例等因素来选择合理的图线宽度。在机械制图中，主要采用正投影法绘制机械工程图，因为该法所得到的投影能真实地反映物体的形状和大小并具有度量性好、作图简便等优点。

思考与练习

1. 填空题

(1) 投影视角分为__________和__________。

(2) 标题栏的分区有________区、________区、________区、________区。

(3) 投影法根据投射线类型的不同可分为__________和__________两类。

(4) 主视图与俯视图________对正，主视图与左视图________平齐，俯视图与左视图________相等。

(5) 尺寸基准是标注__________的基准，尺寸基准一般分为__________基准和________基准。

(6) 标题栏的分区有________区、________区、________区、________区。

(7) 标注的分类主要有__________标注、__________标注、__________标注三种。

2. 思考与练习

(1) 尺寸有几种分类？分别是什么？

(2) 尺寸标注应该注意哪几个事项？

(3) 投影法分为哪几类？

(4) 正投影的基本特性有哪几样？

(5) 一张完整的工程图面主要包括哪几样？

(6) 根据图1-40法兰零件的主视图和俯视图分别用第一视角及第三视角画出左视图。

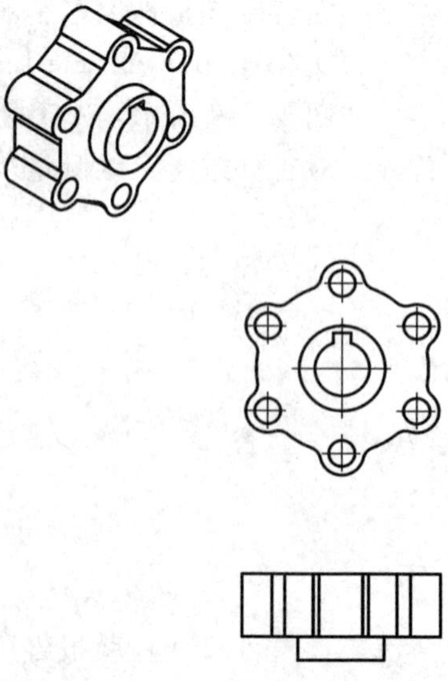

图1-40 法兰零件图

模块二　产品公差

学习目标

1. 了解尺寸公差与偏差；
2. 了解形位公差分类与符号；
3. 了解形位公差；
4. 了解定向公差；
5. 了解轮廓公差与跳动公差。

学习内容

1. 尺寸公差的概述与类型；
2. 形位公差的基本概念；
3. 几何尺寸和公差符号；
4. 形状公差及其分类；
5. 定向公差及其分类；
6. 轮廓公差与跳动公差及其分类。

2.1　产品公差的基本知识

2.1.1　尺寸的公差及偏差

1. 极限尺寸

一个孔或轴允许尺寸的两个极端，即允许尺寸变化的两个极限称为极限尺寸。

两个极限值中较大的一个称为上极限尺寸，孔、轴的上极限尺寸分别用"D_{max}""d_{max}"表示；较小的一个称为下极限尺寸，孔、轴的下极限尺寸分别用"D_{min}""d_{min}"表示，如图2-1所示。

公称尺寸和极限尺寸是设计给定的，实际尺寸应限制在极限尺寸范围内，也可以达到极限尺寸。孔、轴的实际尺寸的合格条件如下：

对于孔：$D_{min} \leqslant D_a \leqslant D_{max}$

对于轴：$d_{min} \leqslant d_a \leqslant d_{max}$

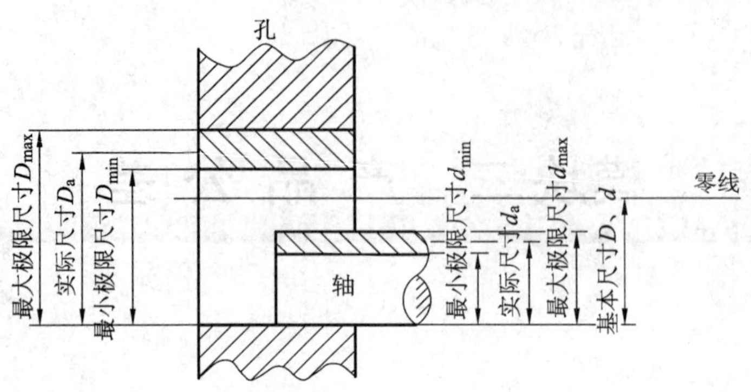

图 2-1 实际尺寸、上极限尺寸、下极限尺寸

2. 极限偏差

极限尺寸减去基本尺寸所得的代数差称为极限偏差，包括上偏差和下偏差。最大极限尺寸减去基本尺寸所得的代数差称为上偏差，最小极限尺寸减去基本尺寸所得的代数差称为下偏差。轴的上、下偏差代号用小写字母 es、ei 表示，孔的上、下偏差代号用大写字母 ES、EI 表示，根据定义，计算公式如下：

孔：

$$上偏差\ ES=D_{max}-D \tag{2-1}$$

$$下偏差\ EI=D_{min}-D \tag{2-2}$$

轴：

$$es=d_{max}-d \tag{2-3}$$

$$ei=d_{min}-d \tag{2-4}$$

注意：偏差值除零外，前面必须标有正号或者负号，且上偏差总是大于下偏差。

极限偏差用于控制实际偏差。完工后零件尺寸的合格条件常用偏差关系表现如下：

孔的合格条件：

$$D_{min}\leqslant D_a\leqslant D_{max}$$

$$EI\leqslant E_a\leqslant ES$$

轴的合格条件：

$$d_{min}\leqslant d_a\leqslant d_{max}$$

$$ei\leqslant e_a\leqslant es$$

3. 尺寸公差

尺寸公差简称公差，是指在切削加工中零件尺寸允许的变动量。孔的公差用 T_h 表示，轴的公差用 T_s 表示。在基本尺寸相同的情况下，尺寸公差愈小，则尺寸精度愈高，加工生产难度越高。公差与配合示意图如图 2-2 所示。

公差是用来限制误差的。工件的误差在公差范围内即为合格，反之不合格。

公差计算公式如下：

孔公差：

$$T_h=D_{max}-D_{min}=ES-EI \tag{2-5}$$

轴公差：

$$T_s=d_{max}-d_{min}=es-ei \tag{2-6}$$

4. 公差带图

从图 2－3 中可见，公差的数值比基本尺寸数值小很多，不能用同一比例绘制在同一张图样上，所以采用简明的极限与配合图解来表示，这种图解就叫做公差带图。

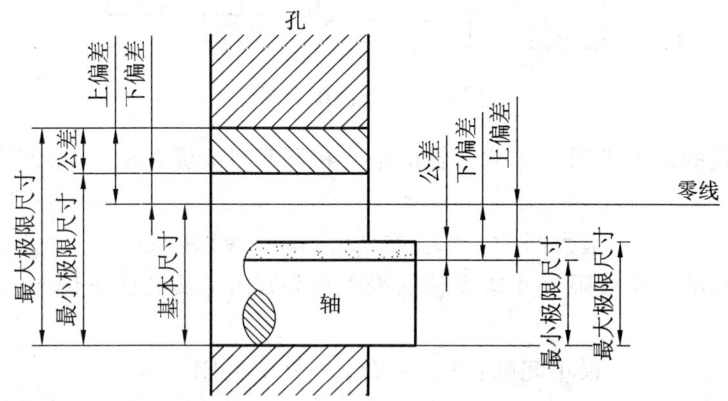

图 2－2　公差与配合示意图

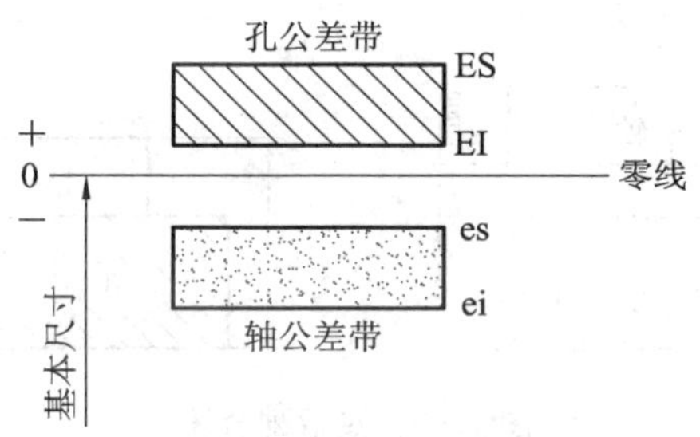

图 2－3　公差带图

在公差带图中，零线为确定极限偏差的一条基准线，是偏差的起始线。零线上方表示正偏差，零线下方表示负偏差。在画公差带图时，注上相应的符号“0”“＋”和“－”号，并在零线下方画上的带单箭头的尺寸线标上基本尺寸值。

在公差带图中，由代表上、下偏差的两条直线所限定的区域称为公差带。在图 2－3 中，ES 和 EI 两条直线所限定的区域为孔的尺寸公差带，es 和 ei 两条直线所限定的区域则为轴的尺寸公差带。孔公差带一带般用斜线表示，轴公差带一般打点表示。

5. 配合的种类

配合是指孔和轴公差带之间的关系，是设计时对一批孔、轴提出的要求，不是指某一对孔和轴结合的松紧。孔的车床公差减去轴的尺寸所得的代数差，当差值为正时称为间隙，用 X 表示；当差值为负时称为过盈，用 Y 表示。此外，孔与轴的配合还存在既有间隙又有过盈的情况，称为过渡。

1）间隙配合

间隙是指孔的尺寸减去相配合的轴的尺寸之差为正。间隙配合是指具有间隙的配合（包括 $X_{min}=0$ 的配合）。此时，孔的公差带在轴的公差带之上。对一批零件而言，所有孔的尺寸≥轴的尺寸，如图 2－4 所示。

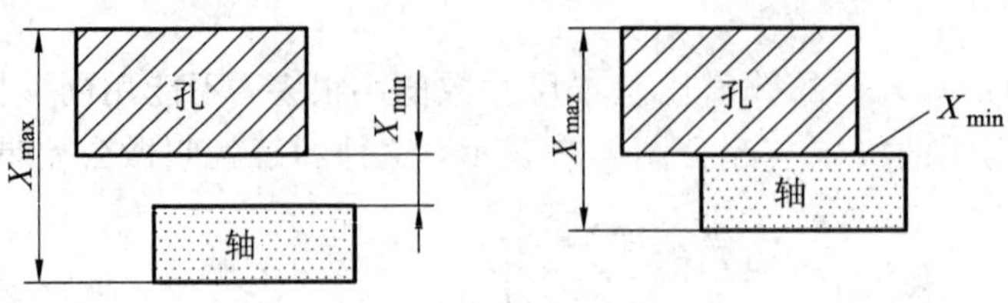

图 2-4 间隙配合图

最大间隙：孔的最大极限尺寸减去轴的最小极限尺寸，或孔的上偏差减去轴的下偏差。计算公式：

$$\text{最大间隙：} X_{max}=D_{max}-d_{min}=\mathrm{ES}-\mathrm{ei} \quad (2-7)$$

最小间隙：孔的最小极限尺寸减去轴的最大极限尺寸，或孔的下偏差减去轴的上偏差。计算公式：

$$\text{最小间隙：} X_{min}=D_{min}-d_{max}=\mathrm{EI}-\mathrm{es} \quad (2-8)$$

2) 过盈配合

过盈是指孔的尺寸减去相配合的轴的尺寸之差为负。过盈配合是指具有过盈(包括最小过盈等于零)的配合。此时，孔的公差带在轴的公差带之下。对一批零件而言，所有孔的尺寸≤轴的尺寸，如图 2-5 所示。

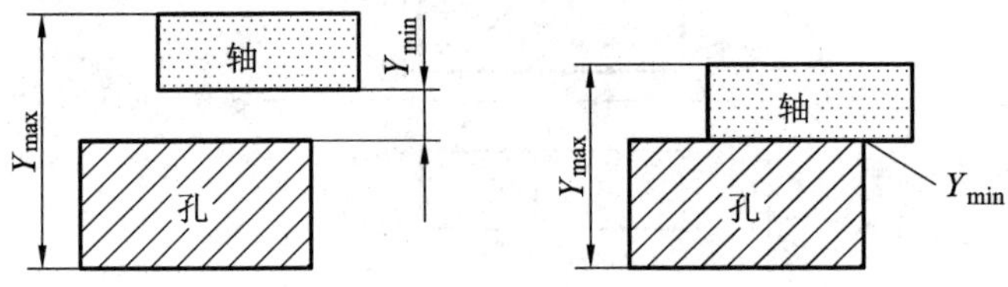

图 2-5 过盈配合图

最大过盈：孔的最小极限尺寸减去轴的最大极限尺寸，或孔的下偏差减去轴的上偏差。计算公式：

$$\text{最大过盈：} Y_{max}=D_{min}-d_{max}=\mathrm{EI}-\mathrm{es} \quad (2-9)$$

最小过盈：孔的最大极限尺寸减去轴的最小极限尺寸，或孔的上偏差减去轴的下偏差。计算公式：

$$\text{最小过盈：} Y_{min}=D_{max}-d_{min}=\mathrm{ES}-\mathrm{ei} \quad (2-10)$$

3) 过渡配合

轴的最大极限尺寸大于孔的最小极限尺寸，轴的最小极限尺寸小于孔的最大极限尺寸，轴的实际尺寸可能大于也可能小于孔的实际尺寸，这样的配合叫过渡配合。过渡配合可能具有间隙配合，也可能具有过盈配合。当孔为最大极限尺寸、轴为最小极限尺寸时，装配后得到最大间隙；当孔为最小极限尺寸、轴为最大极限尺寸时，装配得到最大过盈，如图 2-6 所示。

最大间隙：孔的最大极限尺寸减去轴的最小极限尺寸，或孔的上偏差减去轴的下偏差。计算公式：

$$\text{最大间隙：} X_{max}=D_{max}-d_{min}=\mathrm{ES}-\mathrm{ei} \quad (2-11)$$

最大过盈：孔的最小极限尺寸减去轴的最大极限尺寸，或孔的下偏差减去轴的上偏差。

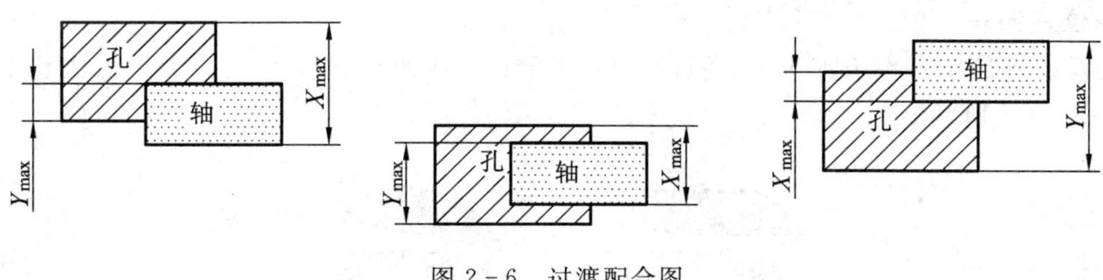

图 2-6　过渡配合图

计算公式：

$$最大过盈：Y_{max}=D_{min}-d_{max}=EI-es \tag{2-12}$$

4）配合公差

配合公差是指组成配合的孔、轴公差之和，它是允许间隙或过盈的变动量。孔和轴的公差带大小和公差带位置组成了配合公差。配合公差的大小表示孔和轴的配合精度，配合公差带的大小和位置表示孔和轴的配合精度和配合性质。间隙配合、过盈配合、过渡配合三种公差计算公式如下：

间隙配合：

$$T_f=|X_{max}-X_{min}| \tag{2-13}$$

过盈配合：

$$T_f=|Y_{min}-Y_{max}| \tag{2-14}$$

过渡配合：

$$T_f=|X_{max}-Y_{max}| \tag{2-15}$$

2.1.2　形位公差的基本概念

形位公差又称为几何公差，包括形状公差和位置公差。

任何零件都是由点、线、面这几个要素构成的，机械加工后零件的实际要素相对于理想要素总有误差，包括形状上的误差和位置上的误差。这类的误差影响机械产品的功能，设计时应规定相应的公差并按规定的标准符号标注在图样上。

加工后的零件会有尺寸公差，因而构成零件几何特征的点、线、面的实际形状或相互位置与理想几何体规定的形状和相互位置就存在差异，这种形状上的差异就是形状公差，而相互位置的差异就是位置公差，这些差异统称为形位公差。

1. 形状误差

形状误差是指零件被加工后，表面形状出现歪曲，与理想形状之间形成了一定的变动量，如图 2-7 所示。

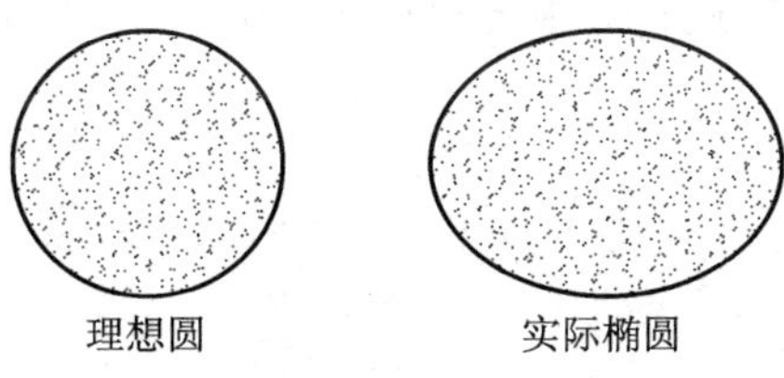

图 2-7　形状误差

2. 位置误差

位置误差是指零件被加工后，组成零件的若干个几何形状彼此偏离了理想位置的变动量，如图 2-8 所示。

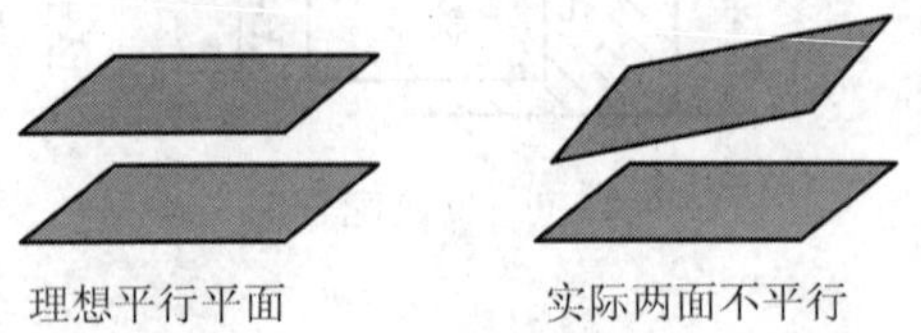

图 2-8 位置误差

形位公差是为了满足产品功能要求而对工件要素在形状和位置方向所提出的几何精度要求。形位公差被用来限制被测实际要素的形状和位置的允许误差范围。

形位误差对零件使用性能的影响主要有以下四个方面：

(1) 影响零件的功能要求；

(2) 影响零件的配合性质；

(3) 影响零件的互换性；

(4) 影响零件本身及配合件的寿命。

2.1.3 零件的形位公差要素

1. 形位公差的研究对象

形位公差的研究对象是零件的几何要素，它是构成零件几何特征的点、线、面的统称，如图 2-9 所示。

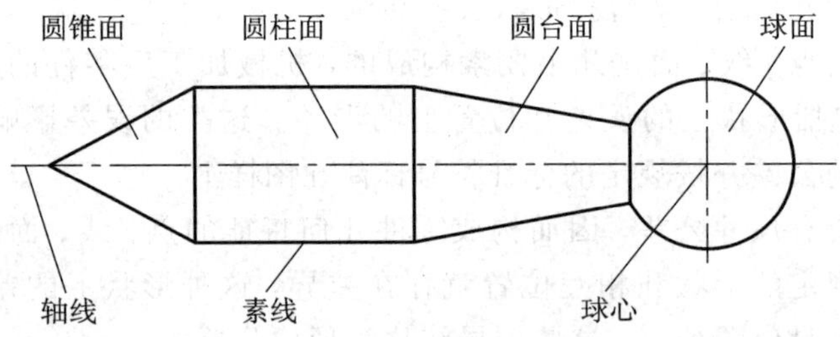

图 2-9 零件的几何要素

2. 分类及含义

(1) 理想要素：具有几何学意义的要素称为理想要素。

(2) 实际要素：零件上实际存在的要素称为实际要素，通常都以测得要素代替实际要素。

(3) 被测要素：零件设计图样中给出的形状或(和)位置公差的要素称为被测要素，如图 2-10 所示。

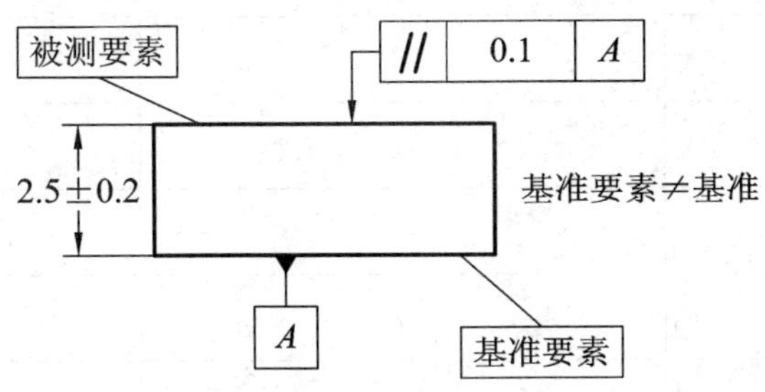

图 2-10 基准要素和被测要素

(4) 基准要素：用来确定被测要素的方向或(和)位置要素称为基准要素，如图 2-10 所示。

(5) 单一要素：给出了形状公差的要素称为单一要素，如图 2-11 所示。

(6) 关联要素：给出了位置公差的要素称为关联要素，如图 2-11 所示。

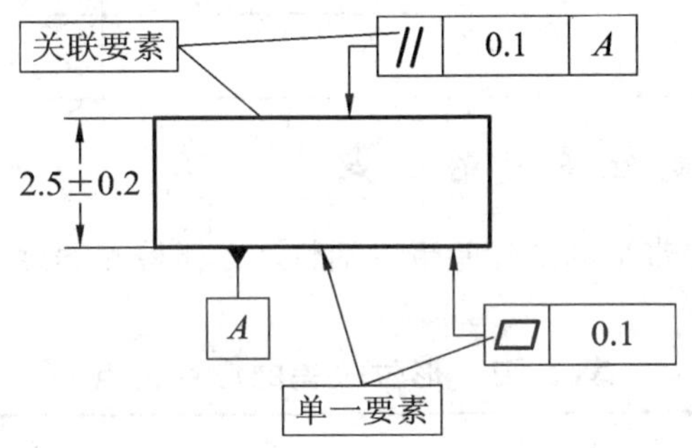

图 2-11 关联要素和单一要素

(7) 轮廓(组成)要素：轮廓(组成)要素是指零件轮廓上的点、线、面，即可触及的要素。

(8) 中心(导出)要素：中心(导出)要素是指由轮廓要素导出的要素，如中心点、中心面或回转表面的轴线。

2.1.4 尺寸公差和形位公差的应用

尺寸公差可很好地控制单个尺寸形体，但不能控制两个形体之间的关系。这并不意味着形位公差不能用，但我们要知道它的局限性和问题。如表 2-1 表示，要控制一形体的尺寸，使用尺寸公差要比使用形位公差有效；要控制两形体之间的关系，使用形位公差要比使用尺寸公差更直观。表 2-1 中，尺寸公差和形位公差对应的打钩√表示适用的尺寸类型。

表 2-1 尺寸公差和几何公差应用

尺寸类型	尺寸公差好用	几何公差好用
尺寸	√	
倒角	√	
半径	√	
壁厚	√	
台阶面	√	
斜面	√	
埋头孔	√	
控制位置		√
控制方向		√
控制形状		√

2.1.5 几何公差控制位置度的优点

表 2-2 从产品的公差带形状、公差带灵活性、方便检测程度对几何公差与尺寸公差进行了对比。

表 2-2 形位公差的应用优点

图纸概念	尺寸公差	形位公差
公差带形状	孔公差带是方形或长方形 ——孔公差带较小 ——制造成本更高	公差带是圆形，可使用直径符号 ——增加公差带 57% ——制造成本更低
公差带灵活性	公差带尺寸固定 ——好零件被废弃 ——生产成本更高	使用 MMC 可使公差带在一定条件下增加 ——好零件被使用 ——生产成本更低
方便检测程度	检测可以得到不同的检测结果 ——好零件被废弃 ——坏零件被接受	基准系统可以统一检测设置 ——清楚指导检测 ——消除是否接受零件的争议

2.1.6 形位公差的符号

按照国家标准 GBT 1182 —2008《产品几何技术规范(GPS) 几何公差　形状、方向、位置和跳动公差的标注》的规定，几何公差特征项目有 14 项，各项目的名称及符号见表 2-3。

表 2－3　几何公差符号

分　类		项目	特征符号	是否需要基准
形状公差	形状	直线度	—	否
		平面度	⏥	否
		圆度	○	否
		圆柱度	⌭	否
形状或位置公差	轮廓	线轮廓度	⌒	是或否
		面轮廓度	⌓	是或否
位置公差	定向	平行度	//	是
		垂直度	⊥	是
		倾斜度	∠	是
	定位	位置度	⊕	是或否
		同心度 （中心点对中心点）	◎	是
		同轴度（轴线对轴线）	◎	是
		对称度	⌯	是
	跳动 （动态）	圆跳动	↗	是
		全跳动	⌰	是

2.1.7　公差原则

公差原则是确定零件的形状、位置公差和尺寸公差之间相互关系的原则，分为独立原则和相关要求。公差原则的国家标准包括 GBT 4249 — 2009 和 GBT 16671 — 2009。

公差原则分类大体有如下几种形式：

1. 独立原则

独立原则是指图样上给定的各个尺寸和几何形状、方向或者位置要求都是独立的，应该分别满足各自的要求。独立原则是尺寸公差和形位公差之间的相互关系应遵循的基本原则，它应用于非配合零件和对形状和尺寸精度严格而对位置度要求较低的场合。

2. 包容要求

包容要求(ER，Envelope Requirement)是指尺寸公差和形位公差相互有关的公差要求。当只有一个尺寸公差时，该公差同时限制了形体的大小和形状。

尺寸形体的表面不能超出最大实体状态时的完美边界。当尺寸形体在其最大实体状态时，不允许有任何形状的变差。

当实际尺寸从 MMC(Maxi mum Material Condition，最大实体状态)向 LMC(Least Material Condition，最小实体状态)偏离时，该偏离量即是允许的形状偏差。

标注时，在尺寸公差后面加注Ⓔ，在形位公差第二框格内加 ϕ0Ⓜ或 0Ⓜ。

3. 最大实体要求

最大实体要求（MMR，Maximum Material Requirement）是指尺寸形体在规定的尺寸界限内具有最多材料时的状态，其中内表面（孔）DMM ＝ 最小极限尺寸 D_{min}，外表面（轴）dMM ＝ 最大极限尺寸 d_{max}，即：孔应做到最小，轴应做到最大。

标注符号为Ⓜ，如图 2－12 所示。

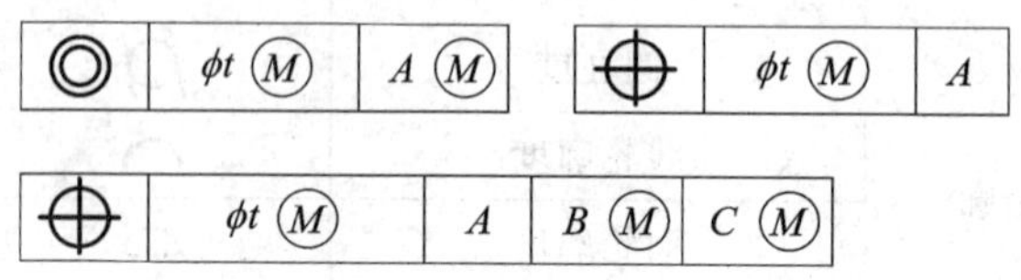

图 2－12　公差最大实体要求

4. 最小实体要求

最小实体要求（LMC，Least Material Requirement）是指尺寸形体在规定的尺寸界限内具有最少材料时的状态，其中内表面（孔）DLM ＝ 最小极限尺寸 D_{max}，外表面（轴）dLM ＝ 最大极限尺寸 d_{min}，即孔要做到最大，轴要做到最小。

标注符号为Ⓛ，如图 2－13 所示。

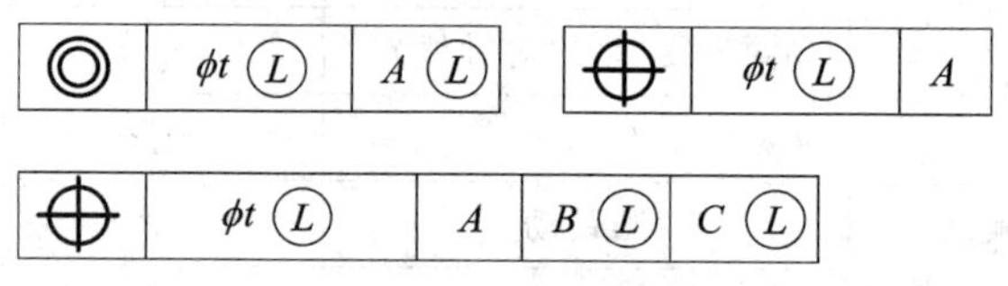

图 2－13　公差最小实体要求

例 2－1　标注如图 2－14 所示的公差，并写出其要求。

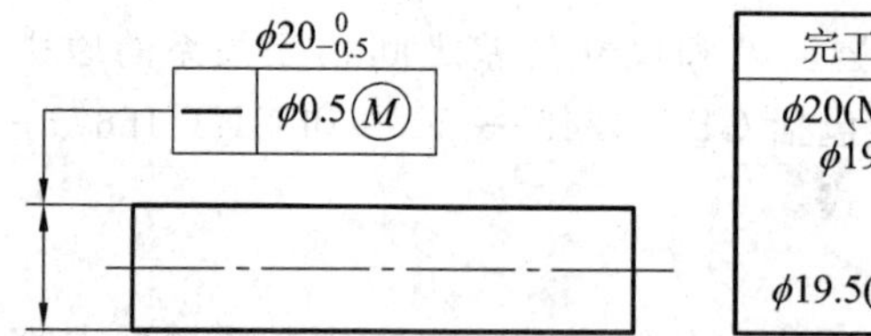

完工尺寸	轴线直线度公差
ϕ20(MMC)	ϕ0.5
ϕ19.75	ϕ0.75
⋮	⋮
ϕ19.5(LMC)	ϕ1

图 2－14　公差要求实例图

该要求的实质是：框格中被测要素的形位公差值是该要素处于最大实体状态时给出的（即被测要素在 MMC 时就允许有一个形位公差值）。而当被测要素的尺寸偏离了 MMC 后，被测要素的形位误差值可以超出在最大实体状态下给出的形位公差值，即可从被测要素的尺寸公差处获得一个补偿公差。

补偿公差是几何公差额外的增加。若尺寸要素的几何公差应用了 MMC、LMC，则允许补偿公差。增加补偿公差的目的是在增加满足功能、工艺等要求的情况下扩大公差带，提高产品合格率，降低控制成本。

5. 可逆要求

可逆要求（RR，Reciprocity Requirement）是指在不影响零件功能的前提下，当被测轴线或中心平面的形位误差值小于给出的形位公差值时，允许相应的尺寸公差增大，即允许形位公差补偿给尺寸误差(反补偿)。

标注符号为Ⓜ Ⓡ 或Ⓛ Ⓡ，如图 2-15 所示。

图 2-15　公差可逆要求

例 2-2　标注如图 2-16 所示的公差，并写出其要求。

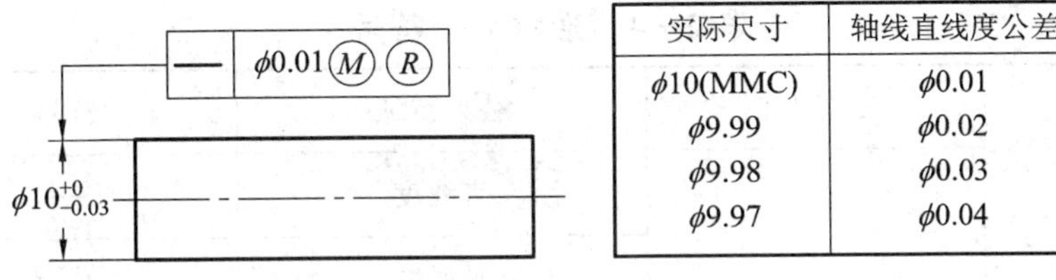

实际尺寸	轴线直线度公差
ϕ10(MMC)	ϕ0.01
ϕ9.99	ϕ0.02
ϕ9.98	ϕ0.03
ϕ9.97	ϕ0.04

图 2-16　公差可逆要求实例图

2.1.8　专项技能练习

例 2-3　计算下列配合的极限间隙、极限过盈或配合公差，并画出公差带图，说明配合类别。

(1) 孔 $\phi\ 50_{0}^{+0.025}$ mm 与轴 $\phi\ 50_{-0.041}^{-0.025}$ mm。

(2) 孔 $\phi\ 50_{0}^{+0.025}$ mm 与轴 $\phi\ 50_{+0.043}^{+0.059}$ mm。

(3) 孔 $\phi\ 50_{0}^{+0.025}$ mm 与轴 $\phi\ 50_{+0.002}^{+0.018}$ mm。

解：

(1) 最大间隙　$X_{max}=ES-ei=+0.025-(-0.041)=+0.066$ mm

最小间隙　$X_{min}=EI-es=0-(-0.025)=+0.025$ mm

配合公差　$T_f=|X_{max}-X_{min}|=|+0.066-(+0.025)|=0.041$ mm

(2) 最大过盈　$Y_{max}=EI-es=0-(+0.059)=-0.059$ mm

最小过盈　$Y_{min}=ES-ei=+0.025-(+0.043)=-0.018$ mm

配合公差　$T_f=|Y_{min}-Y_{max}|=|-0.018-(-0.059)|=0.041$ mm

(3) 最大间隙　$X_{max}=ES-ei=+0.025-(+0.002)=+0.023$ mm

最大过盈　$Y_{max}=EI-es=0-(+0.018)=-0.018$ mm

配合公差　$T_f=|X_{max}-Y_{max}|=|+0.023-(-0.018)|=0.041$ mm

公差带图如图 2-17 所示。

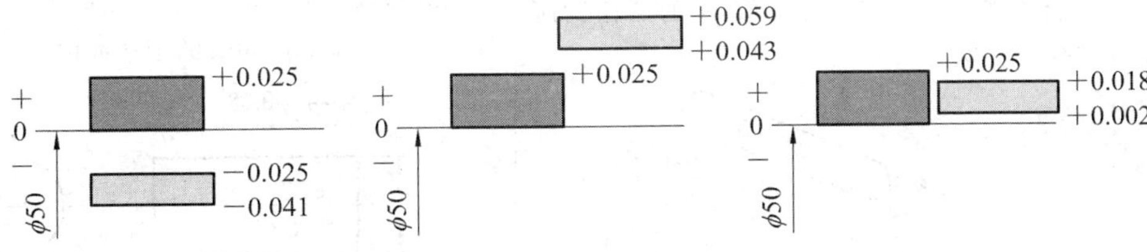

图 2-17　公差带图

2.2 形状公差

形状公差是指单一实际要素的形状所允许的变动量，其特点是不涉及基准。它的方向和位置均是浮动的，只能控制被测要素形状误差的大小，被测要素为直线、平面、圆和圆柱面。形状公差带是限制单一实际被测要素变动的区域。零件实际要素在该区域内为合格，反之为不合格。形状公差包括直线度、平面度、圆度、圆柱度，如表 2－4 所示。

表 2－4 形状公差符号

	公差类型	公差特征	符号	
用于单一形体（要素）	形状	直线度	—	★
		平面度	▱	★
		圆　度	○	★
		圆柱度	⌭	

2.2.1 直线度

直线度是被测要素(线要素)对理想直线的允许变动量，是限制实际直线对理想直线变动量的一项指标。它是针对直线发生不直现象而提出的要求，指向一个表面，是控制这一表面在此视图方向上每一条直线元素所允许误差范围的几何公差。直线度公差带定义及标注实例和解析如表 2－5 所示。

表 2－5 直线度公差带定义及标注实例和解析

直线度	公差带为间距等于公差值 t 的两平行平面所限定的区域 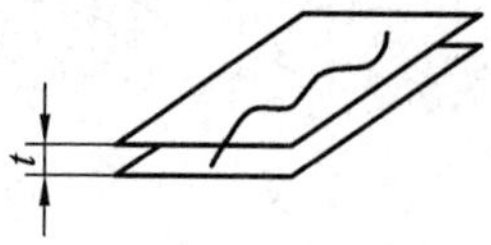 t	提取(实际)刀口尺的棱边应限定在间距等于 0.03 mm 的两平行平面内 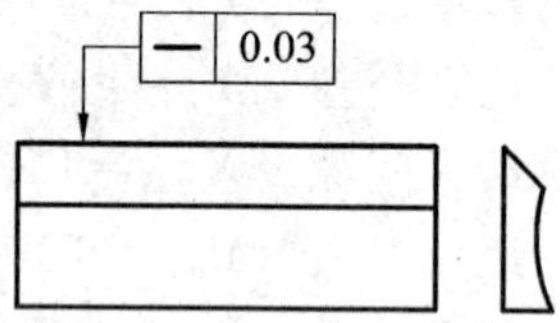 — 0.03
	公差带为直径等于公差值 ϕt 的圆柱面所限定的区域 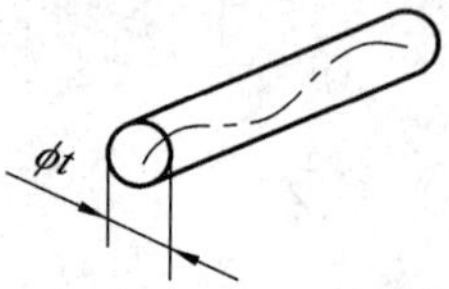 ϕt	圆柱面的提取(实际)中心线应限定在直径等于公差值 ϕ0.08 mm 的圆柱面内 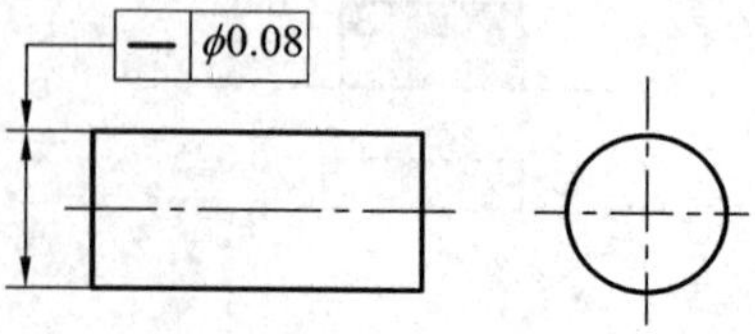 — ϕ0.08

2.2.2　平面度

平面度是指实际被测要素对理想平面的允许变动量，是限制实际平面对理想平面变动量的一项指标。它是针对平面发生不平现象而提出的要求。公差带定义为距离是平面度公差值 t 的两平行平面之间的区域。平面度公差带定义及标注实例和解析如表 2-6 所示。

表 2-6　平面度公差带定义及标注实例和解析

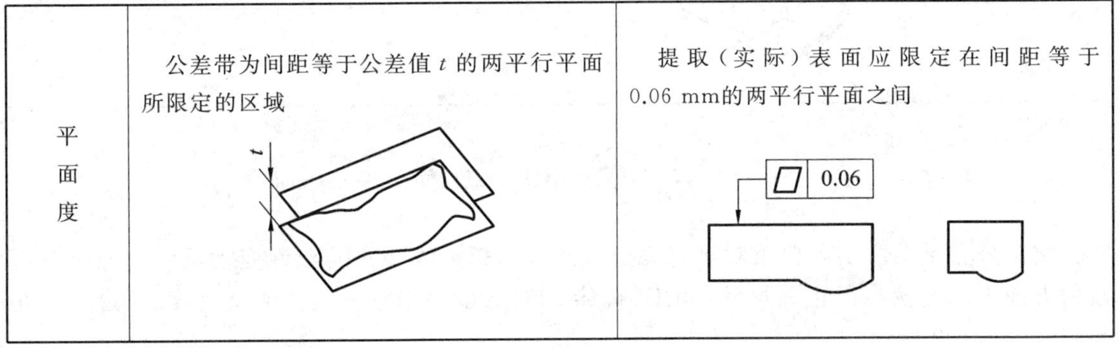

平面度	公差带为间距等于公差值 t 的两平行平面所限定的区域	提取（实际）表面应限定在间距等于 0.06 mm的两平行平面之间

2.2.3　圆度

圆度是实际被测要素对理想圆的允许变动量，是限制实际圆对理想圆变动量的一项指标。它是对具有圆柱面(包括圆锥面、球面)的零件在一正截面(与轴线垂直的面)内的圆形轮廓要求。公差带为在同一正截面上，半径差为圆度公差值 t 的两同心圆之间的区域。圆度公差带定义及标注实例和解析如表 2-7 所示。

表 2-7　圆度公差带定义及标注实例和解析

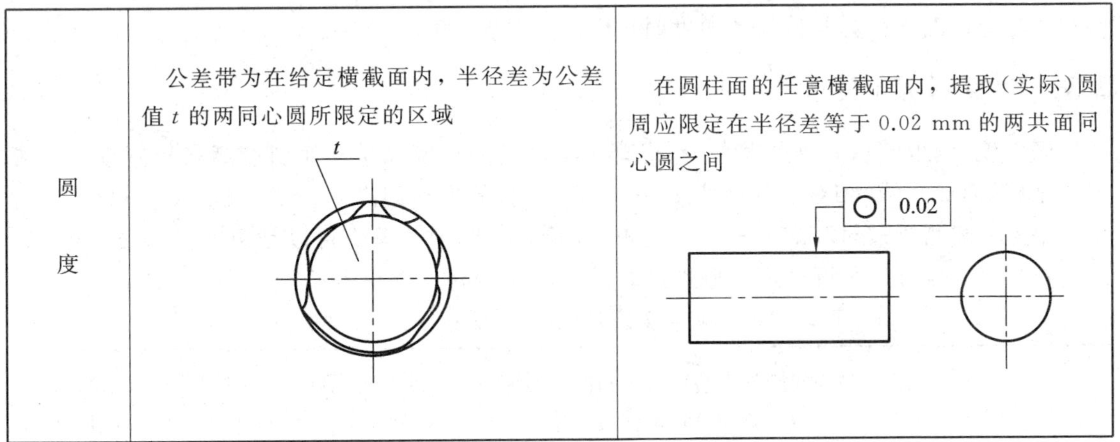

圆度	公差带为在给定横截面内，半径差为公差值 t 的两同心圆所限定的区域	在圆柱面的任意横截面内，提取(实际)圆周应限定在半径差等于 0.02 mm 的两共面同心圆之间

2.2.4　圆柱度

圆柱度是实际被测要素对理想圆柱的允许变动量，是限制实际圆柱面对理想圆柱面变动量的一项指标。它控制了圆柱体横截面和轴截面内的各项形状误差，如圆度、素线直线度、轴线直线度等。圆柱度是圆柱体各项形状误差的综合指标。公差带是半径差为圆柱度公差值 t 的两同轴圆柱面之间的区域。公差带永远没有基准，每个圆柱必须在尺寸公差带内，公差必须小于尺寸公差。圆柱度公差带定义及标注实例和解析如表 2-8 所示。

表 2－8　圆柱度公差带定义及标注实例和解析

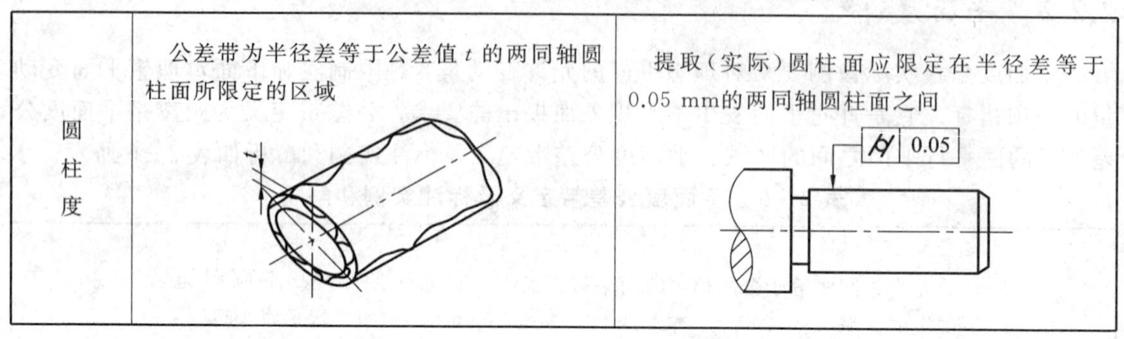

圆柱度	公差带为半径差等于公差值 t 的两同轴圆柱面所限定的区域	提取（实际）圆柱面应限定在半径差等于 0.05 mm的两同轴圆柱面之间

2.3　定向公差

定向公差是关联实际要素对具有确定方向的理想被测要素的允许变动量。理想被测要素的方向由基准及理论正确尺寸（角度）确定。形状公差包括平行度、垂直度、倾斜度（角度），如表 2－9 所示。

表 2－9　定向公差符号

	公差类型	公差特征	符号	
用于关联形体（要素）	定向	倾斜度	∠	★
		垂直度	⊥	★
		平行度	//	★

当理论正确角度为 0°时，称为平行度公差；当理论正确角度为 90°时，称为垂直度公差；当理论正确角度为其他任意角度时，称为倾斜度（角度）公差。

2.3.1　倾斜度（角度）

倾斜度（角度）就是实际被测角度对理想角度的允许变动量。倾斜度用来控制零件上被测要素（平面或直线）相对于基准要素（平面或直线）的方向偏离某一给定角度（0°～90°）的程度，即要求被测要素对基准要素成一定角度（除 90°外）。公差带可以是两平行直线，可以是两平行平面，也可以是圆柱面。倾斜度公差带定义及标注实例和解析如表 2－10 所示。

表 2－10　倾斜度公差带定义及标注实例和解析

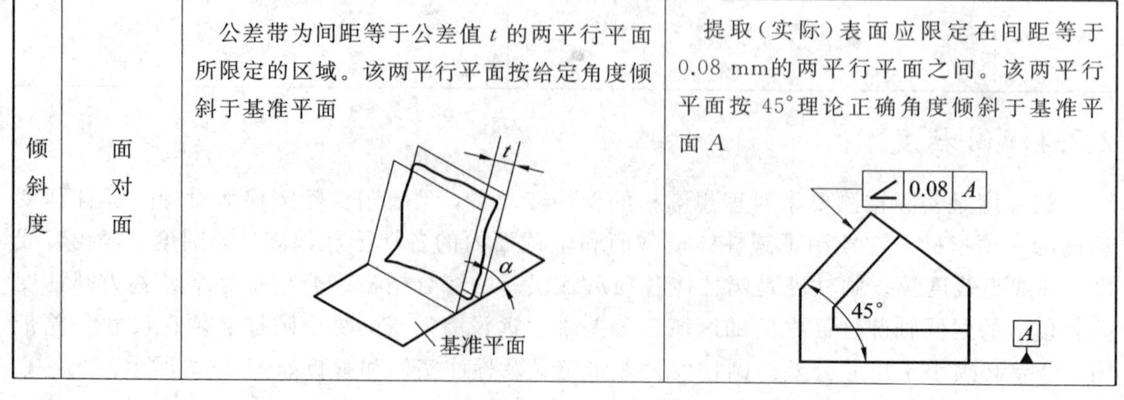

倾斜度	面对面	公差带为间距等于公差值 t 的两平行平面所限定的区域。该两平行平面按给定角度倾斜于基准平面	提取（实际）表面应限定在间距等于 0.08 mm的两平行平面之间。该两平行平面按 45°理论正确角度倾斜于基准平面 A

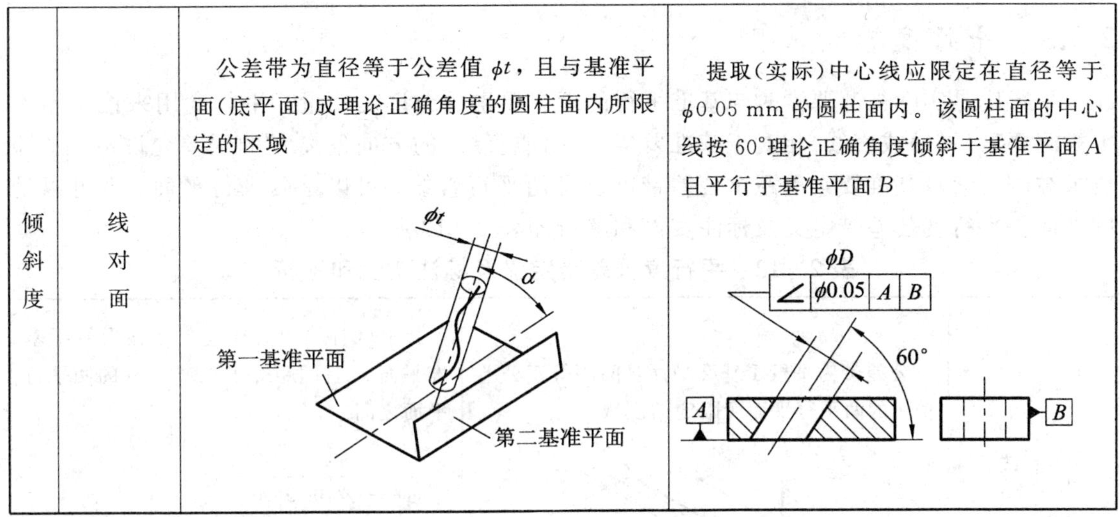

倾斜度	线对面	公差带为直径等于公差值 ϕt，且与基准平面(底平面)成理论正确角度的圆柱面内所限定的区域	提取(实际)中心线应限定在直径等于 ϕ0.05 mm 的圆柱面内。该圆柱面的中心线按 60°理论正确角度倾斜于基准平面 A 且平行于基准平面 B

2.3.2　垂直度

垂直度是实际被测要素对与基准垂直的理想要素的允许变动量。垂直度用来控制零件上被测要素(平面或直线)相对于基准要素(平面或直线)的方向偏离 90°的误差允许范围，即要求被测要素与基准要素成 90°。公差带可以是两平行直线，可以是两平行平面，也可以是圆柱面。垂直度公差带定义及标注实例和解析如表 2-11 所示。

表 2-11　垂直度公差带定义及标注实例和解析

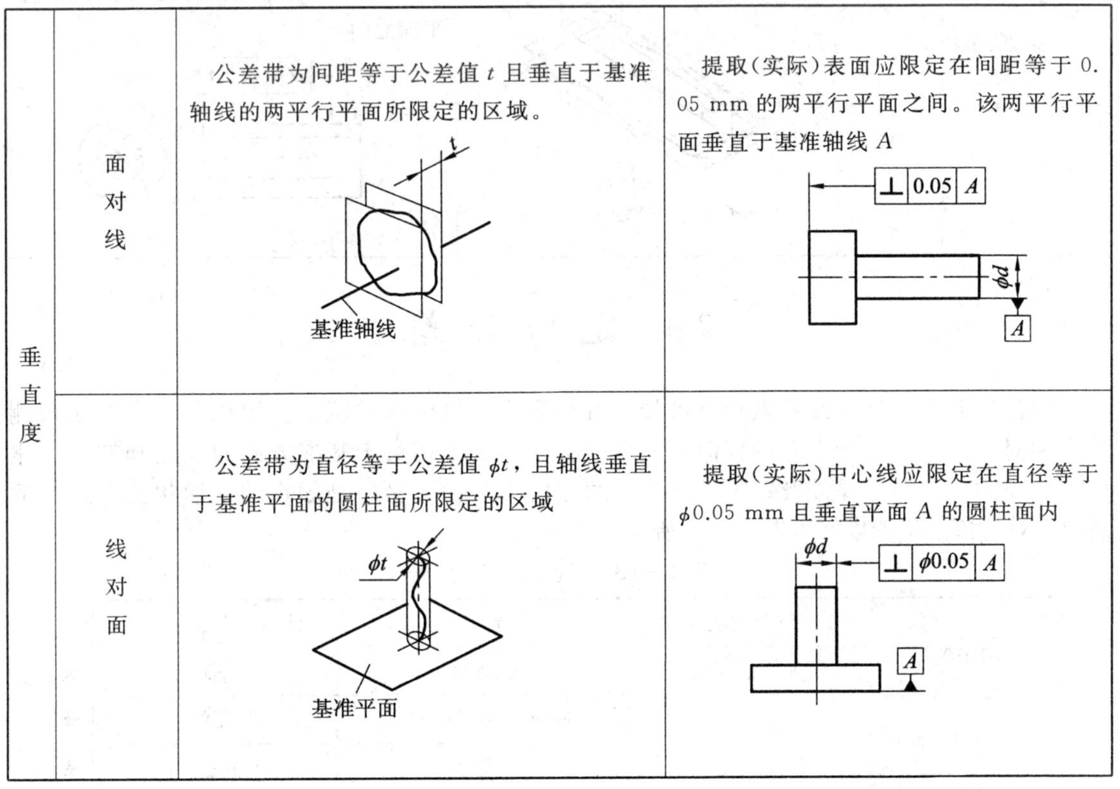

垂直度	面对线	公差带为间距等于公差值 t 且垂直于基准轴线的两平行平面所限定的区域。	提取(实际)表面应限定在间距等于 0.05 mm 的两平行平面之间。该两平行平面垂直于基准轴线 A
	线对面	公差带为直径等于公差值 ϕt，且轴线垂直于基准平面的圆柱面所限定的区域	提取(实际)中心线应限定在直径等于 ϕ0.05 mm 且垂直平面 A 的圆柱面内

2.3.3 平行度

平行度是实际被测要素对与基准平行的理想要素的允许变动量。平行度用来控制零件上被测要素(平面或直线)相对于基准要素(平面或直线)的方向偏离0°的误差允许范围，即要求被测要素对基准要素等距。公差带可以是两平行直线，可以是两平行平面，也可以是圆柱面。平行度公差带定义及标注实例和解析如表2-12所示。

表2-12 平行度公差带定义及标注实例和解析

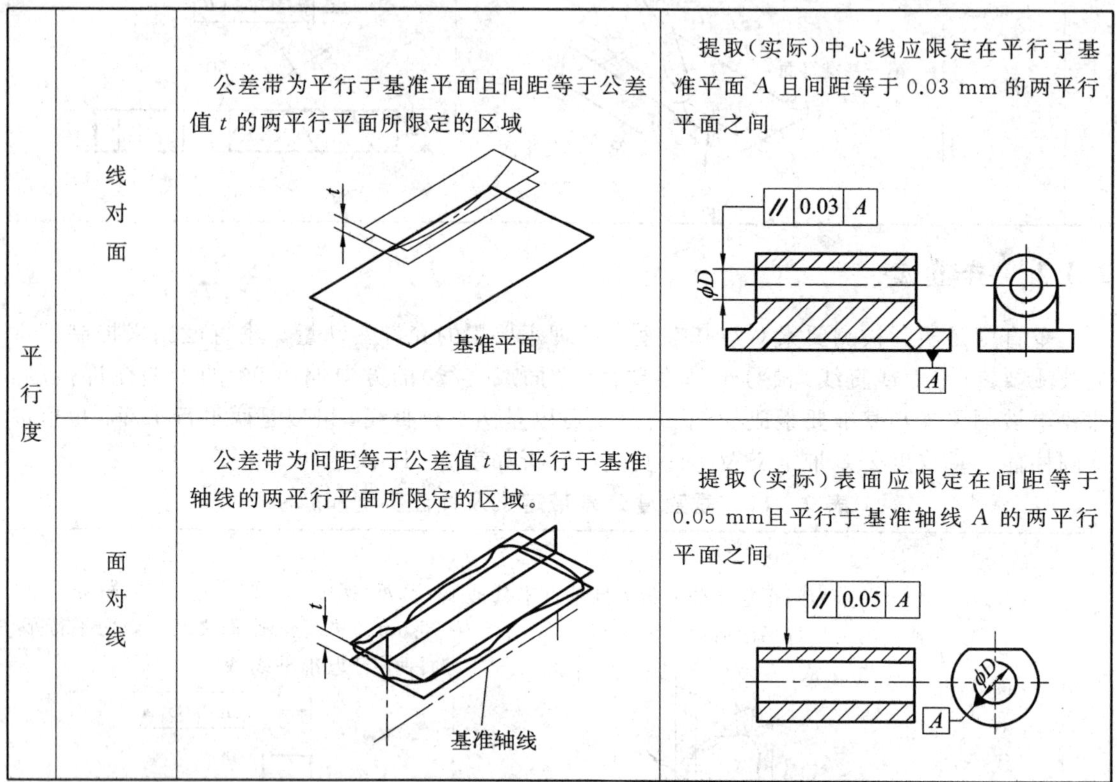

平行度	线对面	公差带为平行于基准平面且间距等于公差值 t 的两平行平面所限定的区域 (图：t；基准平面)	提取(实际)中心线应限定在平行于基准平面 A 且间距等于0.03 mm的两平行平面之间 (图：// 0.03 A；ϕD；A)
	面对线	公差带为间距等于公差值 t 且平行于基准轴线的两平行平面所限定的区域。 (图：t；基准轴线)	提取(实际)表面应限定在间距等于0.05 mm且平行于基准轴线 A 的两平行平面之间 (图：// 0.05 A；ϕD；A)

2.4 定位公差

定位公差是关联实际要素对基准要素在位置上允许的误差范围。定位公差在控制被测要素相对基准位置等于误差的同时，也要控制被测要素相对于基准方向的误差和被测要素的形状误差。其特点是涉及基准，公差带的方向(主要是位置)是固定的。形状公差包括同轴度、对称度、位置度，如表2-13所示。

表2-13 定位公差符号

	公差类型	公差特征	符号	
用于关联形体(要素)	定位	位置度	⌖	★
		同轴度 & 同心度	◎	★
		对称度	⌯	★

2.4.1　位置度

位置度是各关联被测要素相互之间或它们相对一个或多个基准位置的允许变动量，可控制该被测要素的平面度、直线度、平行度、垂直度、倾斜度。位置度用来控制被测实际要素相对于其理想位置的变动量，其理想位置由基准和理论正确尺寸确定。公差带可以是两平行直线，可以是两平行平面，也可以是圆、球面和圆柱面。

位置度公差带定义及标注实例和解析如表 2－14 所示。

表 2－14　位置度公差带定义及标注实例和解析

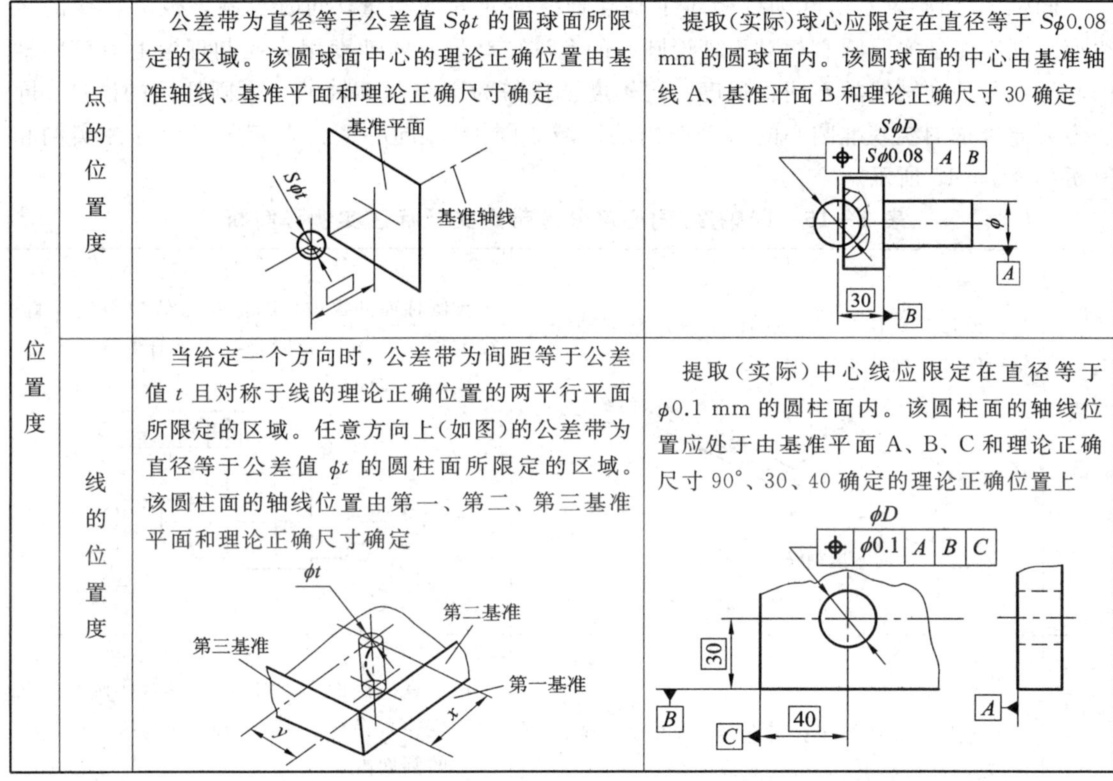

位置度	点的位置度	公差带为直径等于公差值 $S\phi t$ 的圆球面所限定的区域。该圆球面中心的理论正确位置由基准轴线、基准平面和理论正确尺寸确定 基准平面 $S\phi t$ 基准轴线	提取(实际)球心应限定在直径等于 $S\phi0.08$ mm 的圆球面内。该圆球面的中心由基准轴线 A、基准平面 B 和理论正确尺寸 30 确定 $S\phi D$ $S\phi0.08$ A B ϕ A 30 B
	线的位置度	当给定一个方向时，公差带为间距等于公差值 t 且对称于线的理论正确位置的两平行平面所限定的区域。任意方向上(如图)的公差带为直径等于公差值 ϕt 的圆柱面所限定的区域。该圆柱面的轴线位置由第一、第二、第三基准平面和理论正确尺寸确定 ϕt 第二基准 第三基准 第一基准 x y	提取(实际)中心线应限定在直径等于 $\phi0.1$ mm 的圆柱面内。该圆柱面的轴线位置应处于由基准平面 A、B、C 和理论正确尺寸 90°、30、40 确定的理论正确位置上 ϕD $\phi0.1$ A B C 30 B C 40 A

注： 表中未说明的线默认为中心线。

位置度中心如图 2－18 所示，计算公式为：

$$\phi t = 2 * \sqrt{(X_1 - X_2)^2 + (Y_1 - Y_2)^2} \tag{2-16}$$

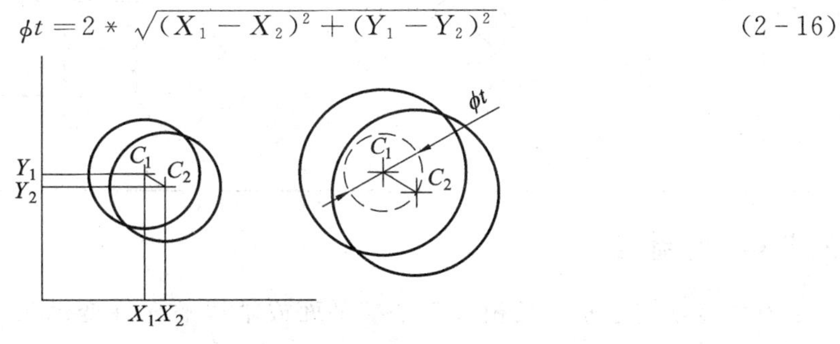

图 2－18　位置度中心示意图

其中 X_2、Y_2 分别为对应特征相对于基准的理论正确尺寸值；X_1、Y_1 为对应特征相对于基准的实际测量值。

若为单方向位置度，则计算公式为：

$$\phi t = 2 * \sqrt{(X_1 - X_2)^2} \tag{2-17}$$

或

$$\phi t = 2 * \sqrt{(Y_1 - Y_2)^2} \tag{2-18}$$

2.4.2 同轴度/同心度

同轴度/同心度是实际轴线相对于基准轴线的允许变动量，同时控制该被测轴线的直线度。同心度是实际圆心相对于理论圆心的允许变动量。同轴度用来控制理论上应该同轴的测轴线与基准轴线的不同轴程度。同轴度公差带为围绕基准轴的一个圆柱内的区域，同心度公差带是围绕基准圆心的一个圆内的区域。同轴度/同心度公差带定义及标注实例和解析如表 2－15 所示。

表 2－15　同轴度/同心度公差带定义及标注实例和解析

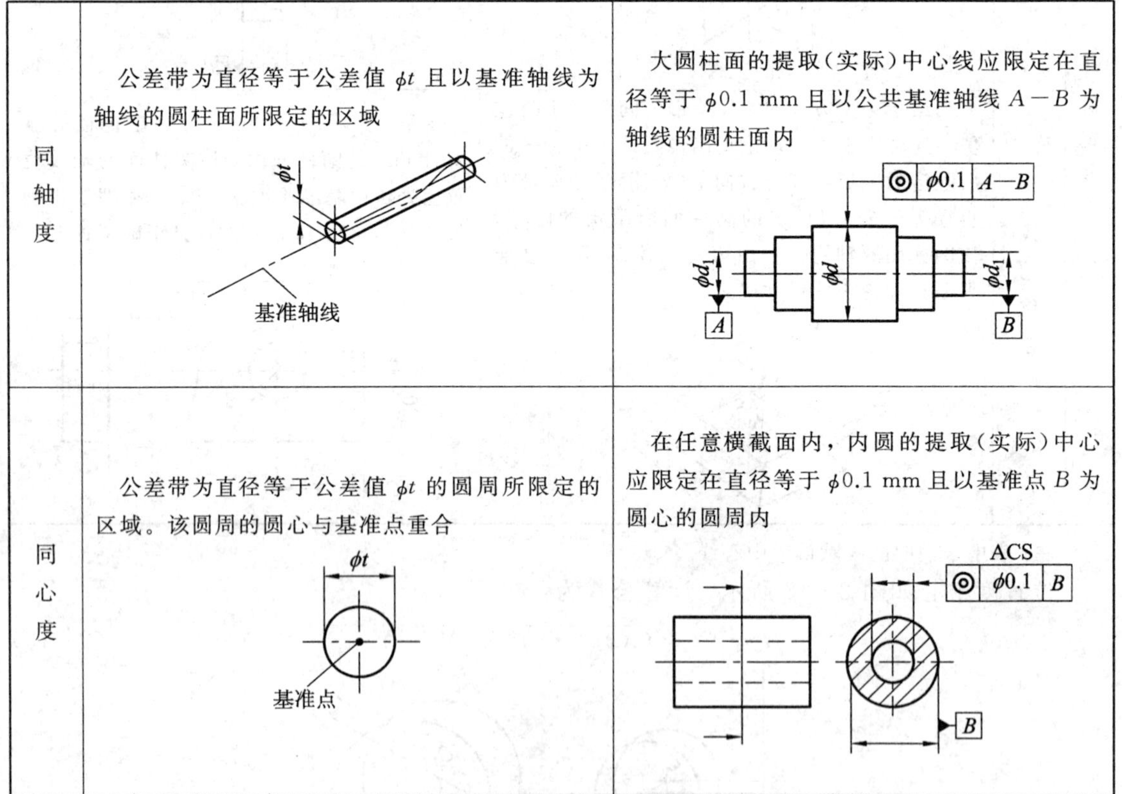

同轴度	公差带为直径等于公差值 ϕt 且以基准轴线为轴线的圆柱面所限定的区域	大圆柱面的提取（实际）中心线应限定在直径等于 $\phi 0.1$ mm 且以公共基准轴线 $A-B$ 为轴线的圆柱面内
同心度	公差带为直径等于公差值 ϕt 的圆周所限定的区域。该圆周的圆心与基准点重合	在任意横截面内，内圆的提取（实际）中心应限定在直径等于 $\phi 0.1$ mm 且以基准点 B 为圆心的圆周内

2.4.3 对称度

对称度是实际面或线相对于基准平面或轴线的允许变动量，可控制该被测面的平面度。一般来说，对称度用来控制理论上要求共面的被测要素（中心平面、中心线或轴线）与基准要素（中心平面、中心线或轴线）的不重合程度。公差带为围绕基准轴或中心面的两平行平面内的区域。对称度公差带定义及标注实例和解析如表 2－16 所示。

表 2－16　对称度公差带定义及标注实例和解析

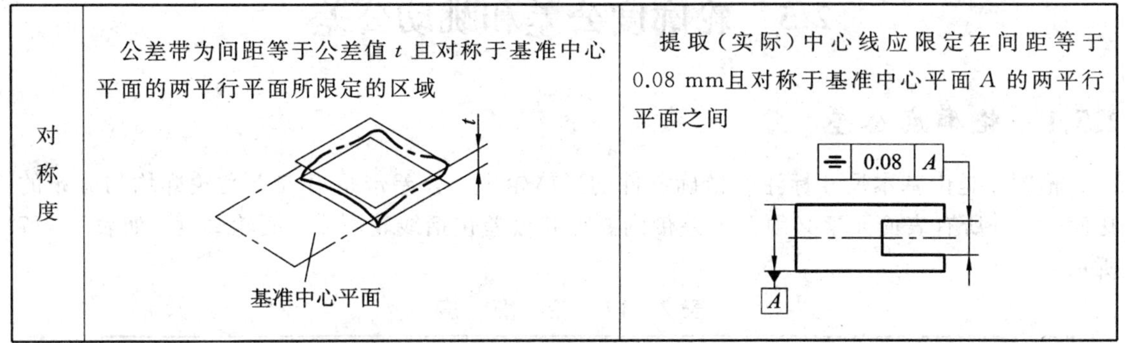

对称度	公差带为间距等于公差值 t 且对称于基准中心平面的两平行平面所限定的区域 t 基准中心平面	提取（实际）中心线应限定在间距等于 0.08 mm 且对称于基准中心平面 A 的两平行平面之间 0.08　A A

2.4.4　专项技能练习

例 2－4　销轴的三种形位公差标注如图 2－19 所示，它们的公差带有何不同？

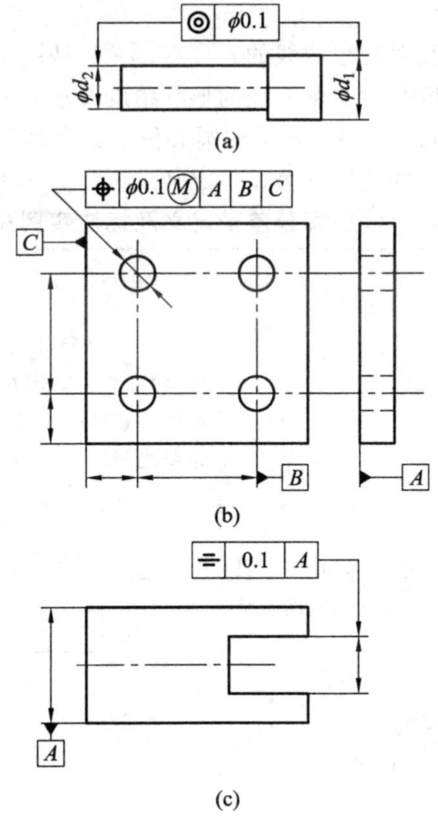

图 2－19　销轴的形位公差标注

解：

(a) ϕd_2 对 ϕd_1 基准轴线的同轴度公差为 0.1 mm。

(b) 孔在最大实体状态时，要求其中心轴线同时相对于基准 A、基准 B、基准 C 的位置度公差为 ϕ0.1 mm。

(c) 槽的中心平面对基准平面 A 的对称度公差为 0.1 mm。

2.5 轮廓度公差和跳动公差

2.5.1 轮廓度公差

轮廓度是由基本尺寸标注的精确零件的形体轮廓。公差带是沿着真实轮廓均匀分布的几何公差，所有表面元素必须在公差带内。形状公差包括线轮廓度、面轮廓度，如表 2-17 所示。

表 2-17 轮 廓 度

用于单一或关联形体(要素)	公差类型	公差特征	符号	
	轮廓	线轮廓度	⌒	★
		画轮廓度	⌓	★

1. 线轮廓度

线轮廓度是实际被测曲线对理想曲线的允许变动量，是用于限制实际曲线对理想曲线变动量的一项指标。线轮廓度是对非圆曲线的形状精度要求。公差带为包络一系列直径为公差值 t 的圆的两包络线之间的区域，各圆的圆心位于具有理论正确几何形状的线上。线轮廓度只提供一个方向控制。线轮廓度公差带定义及标注实例和解析如表 2-18 所示。

表 2-18 线轮廓公差带定义及标注实例和解析

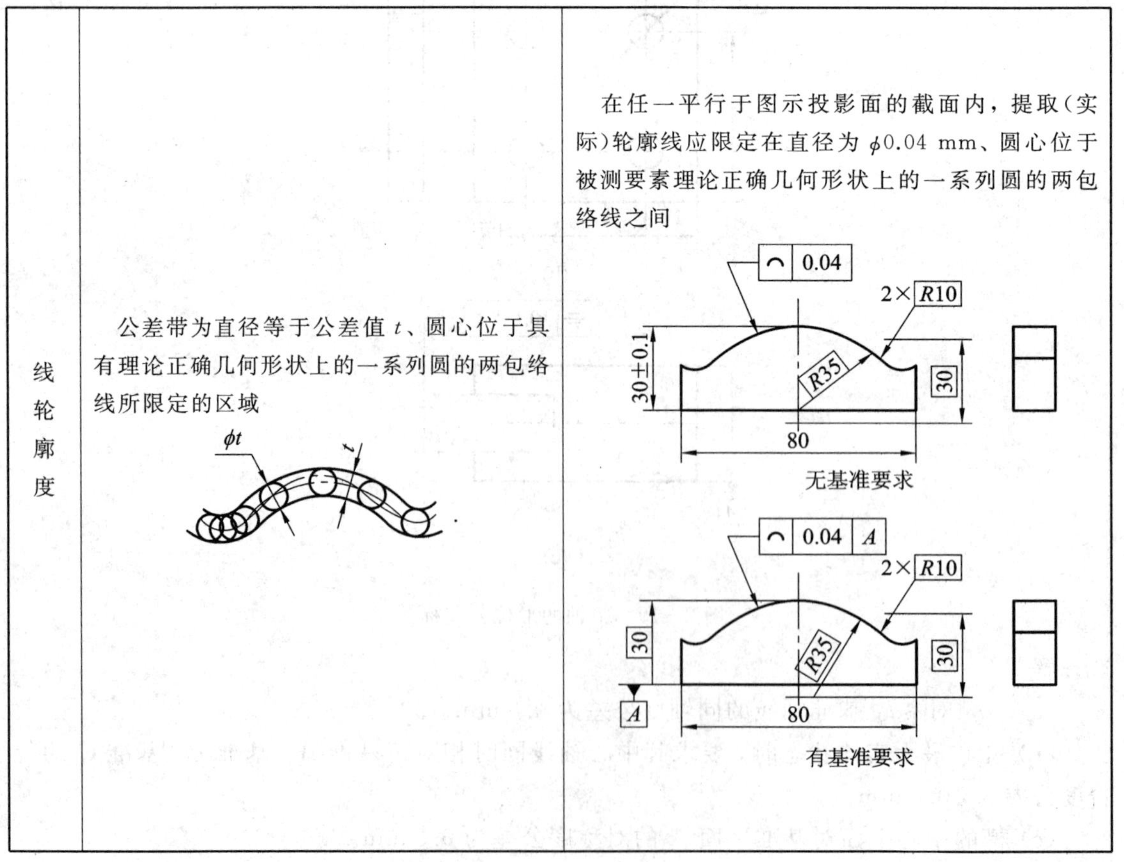

线轮廓度	公差带为直径等于公差值 t、圆心位于具有理论正确几何形状上的一系列圆的两包络线所限定的区域	在任一平行于图示投影面的截面内，提取(实际)轮廓线应限定在直径为 ϕ0.04 mm、圆心位于被测要素理论正确几何形状上的一系列圆的两包络线之间

2. 面轮廓度

面轮廓度是实际被测曲面对理想曲面的允许变动量，可控制该曲面的线轮廓度。作为限制实际曲面对理想曲面变动量的一项指标，它是对曲面的形状精度要求。公差带为包络一系列直径为公差值 t 的球的两包络面之间的区域，各球的球心位于具有理论正确几何形状的线上。面轮廓度公差带定义及标注实例和解析如表 2－19 所示。

表 2－19　面轮廓度公差带定义及标注实例和解析

面轮廓度	公差带为直径等于公差值 t、球心位于被测要素理论正确几何形状上的一系列圆球的两包络面所限定的区域 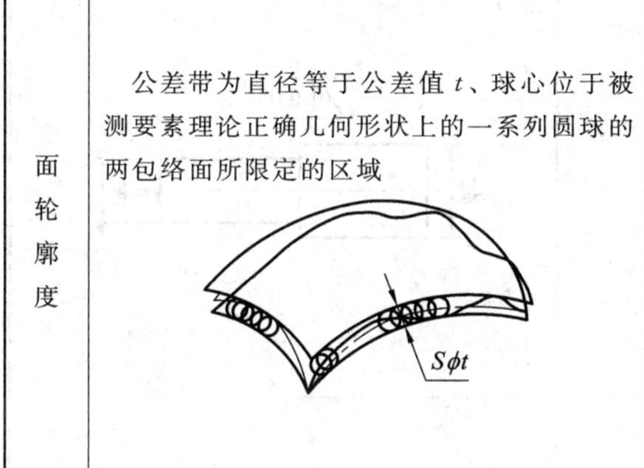	提取(实际)轮廓面应限定在球径为 Sϕ0.02 mm、球心位于被测要素理论正确几何形状上的一系列圆球的两等距包络面之间 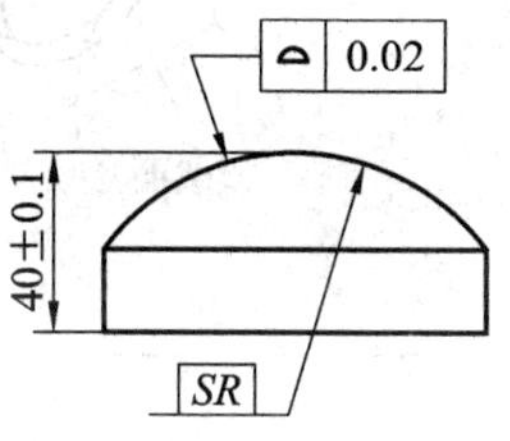

2.5.2　跳动公差

跳动度是指关联提取要素绕基准轴回转一圈或连续回转时所允许的最大跳动量。跳动度可以应用在任何绕轴心线旋转形成的表面，但只能控制圆柱、圆锥表面的位置，形体的位置可以使用基本尺寸和面轮廓来控制。跳动度包括圆跳动和全跳动，如表 2－20 所示。

表 2－20　跳动度符号

	公差类型	公差特征	符号
用于关联形体	跳动（动态）	圆跳动	↗
		全跳动	⌰

1. 圆跳动

圆跳动公差是指被测要素在某个测量截面内相对于基准轴线的变动量。圆跳动用于被测实际要素绕基准轴线作无轴向移动、回转一周中，由位置固定的指示器在给定方向上测得的最大与最小读数之差，测量时零件绕基准轴线回转，回转时指示表指针的跳动量就是圆跳动的数值。指示表测头指在圆柱面上为径向圆跳动，指在端面为端面圆跳动，垂直指向圆锥素线上为斜向圆跳动。圆跳动公差带定义及标注实例和解析如表 2－21 所示。

1）径向圆跳动

公差带的定义：公差带是在垂直于基准轴线的任一测量平面内，半径为公差值 t，且圆心在基准轴线上的两个同心圆之间的区域。

2）端面圆跳动

公差带的定义：公差带是在与基准轴线同轴的、任一半径位置的测量圆柱面上沿母线方向、距离为公差值 t 的两圆之间的区域。

表 2-21 圆跳动公差带定义及标注实例和解析

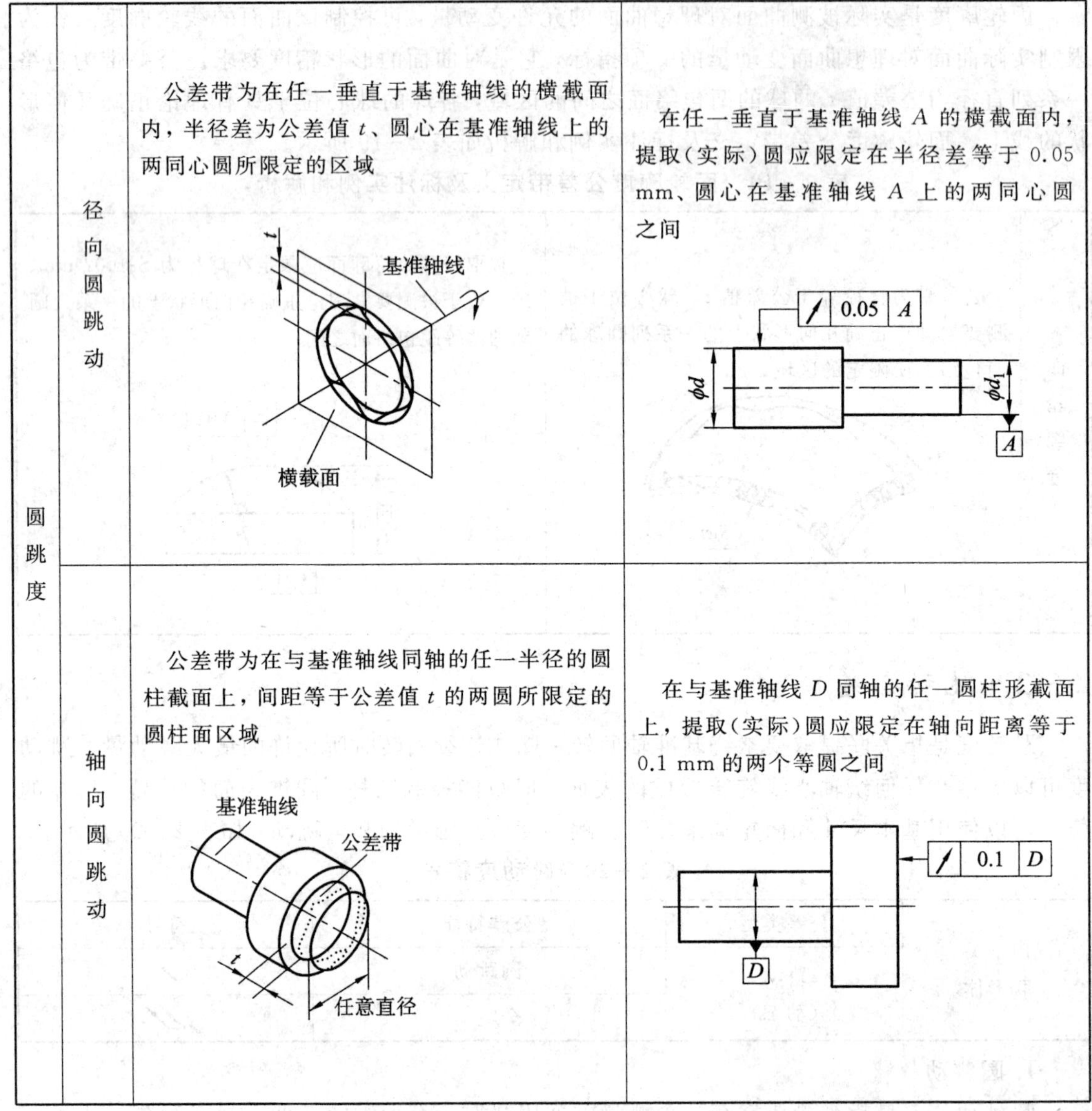

圆跳度	径向圆跳动	公差带为在任一垂直于基准轴线的横截面内，半径差为公差值 t、圆心在基准轴线上的两同心圆所限定的区域 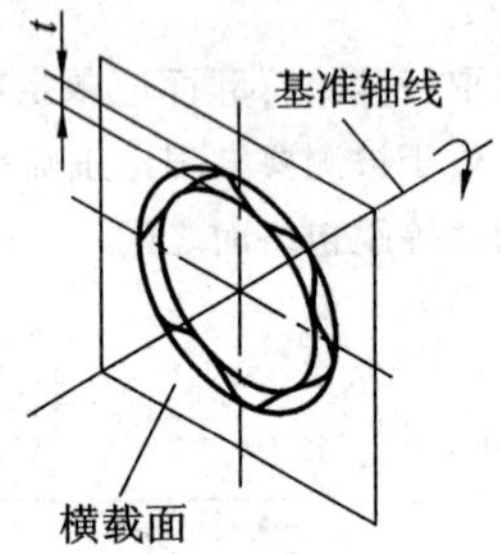	在任一垂直于基准轴线 A 的横截面内，提取(实际)圆应限定在半径差等于 0.05 mm、圆心在基准轴线 A 上的两同心圆之间 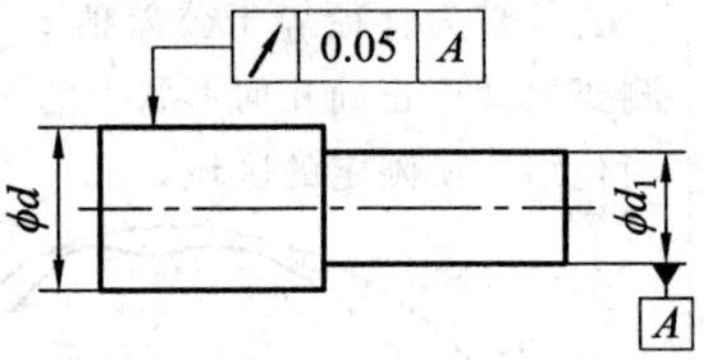
	轴向圆跳动	公差带为在与基准轴线同轴的任一半径的圆柱截面上，间距等于公差值 t 的两圆所限定的圆柱面区域 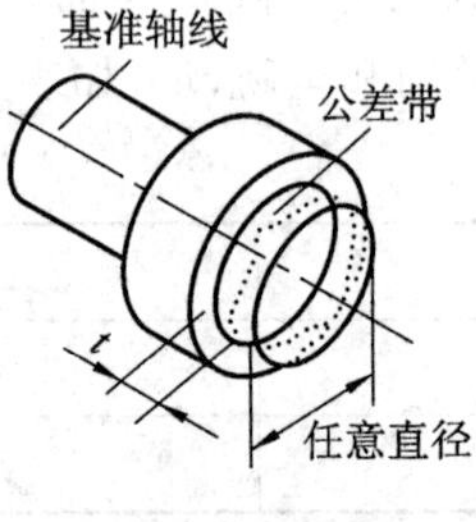	在与基准轴线 D 同轴的任一圆柱形截面上，提取(实际)圆应限定在轴向距离等于 0.1 mm 的两个等圆之间 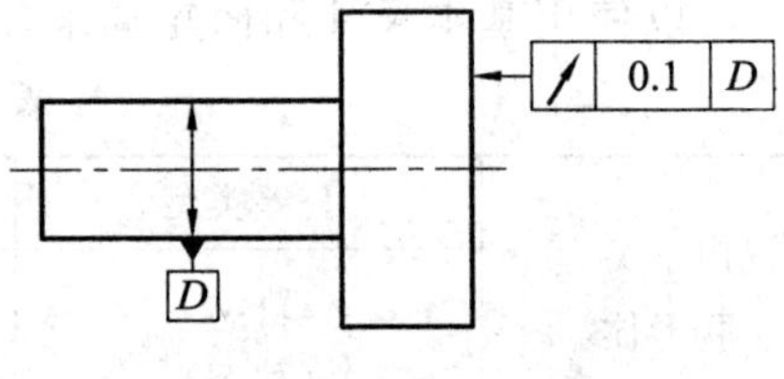

3）斜向圆跳动

公差带的定义：公差带是在与基准轴线同轴，且母线垂直于被测表面的任一测量圆锥面上，沿母线方向、距离为公差值 t 的两圆之间的区域。除特殊规定外，其测量方向是被测面的法线方向。

2. 全跳动

全跳动是指被测实际要素绕基准轴线作无轴向移动的连续回转，同时指示器沿理想素线连续移动，由指示器在给定方向上测得的最大与最小读数之差。全跳动公差是各关联实际被测要素对理想回转面的允许变动量。当理想回转面是以基准要素为轴线的圆柱面时，称为径向全跳动；当理想回转面是与基准轴线垂直的平面时，称为轴向(端面)全跳动。全跳动公差带定义及标注实例和解析如表 2-22 所示。

表 2－22　全跳动公差带定义及标注实例和解析

全跳动	径向全跳动	公差带为半径差等于公差值 t 且与基准轴线同轴的两圆柱面所限定的区域 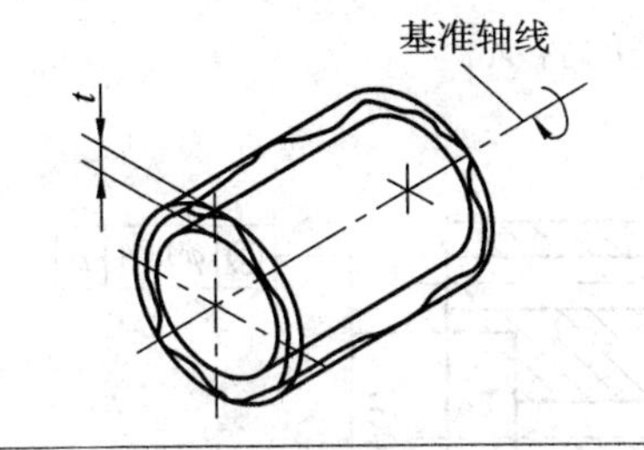 	提取（实际）表面应限定在半径差等于 0.2 mm且与公共基准轴线 $A—B$ 同轴的两圆柱面之间
	轴向全跳动	公差带为间距等于公差值 t 且垂直于基准轴线的两平行平面所限定的区域 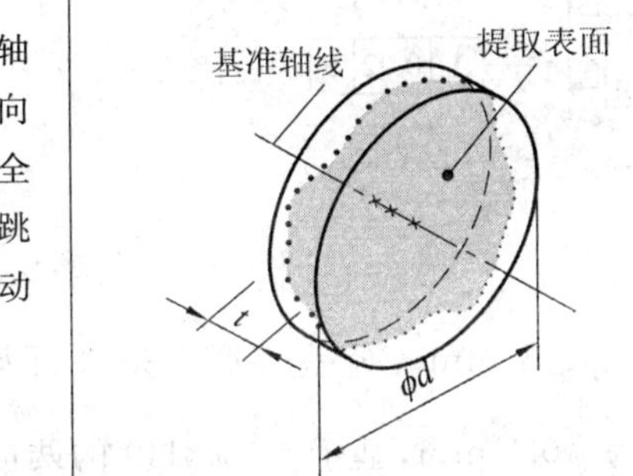 	提取（实际）表面应限定在间距等于 0.05 mm且垂直于基准轴线 D 的两平行平面之间 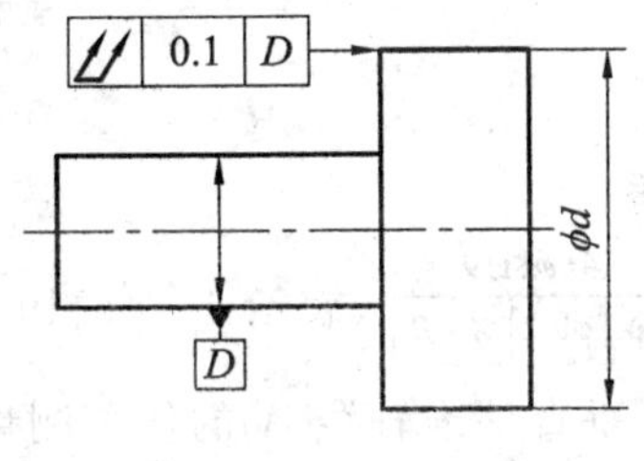

1）径向全跳动

径向全跳动是指被测要素绕公共基准轴心线作若干次旋转，并在测量仪器与工件同时作轴向的相对移动时，被测要素上各点间的示值差均不得大于 0.1 mm。测量仪器或工件必须沿着基准轴线方向并相对于公共基准轴心线移动。

2）轴向全跳动

轴向全跳动是指被测要素围绕基准轴线作若干次旋转，并在测量仪器与工件之间作径向相对移动时，被测要素上各点间的示值差均不得大于 0.1 mm。测量仪器或者工件必须围着轮廓具有理想正确形状的线和相对于基准轴线的正确方向移动。

2.6　综合案例技能练习

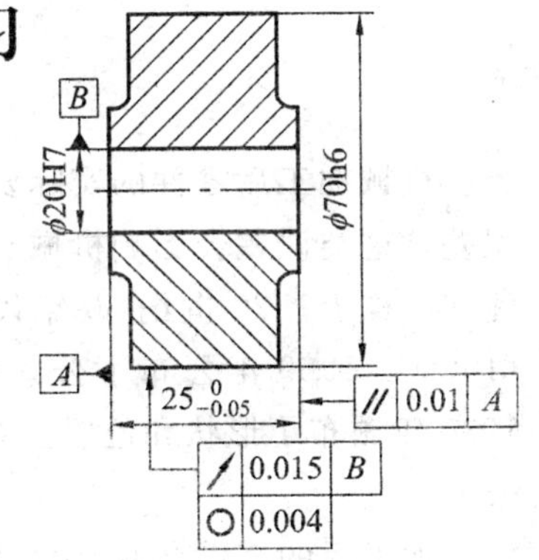

图 2－20　案例一

例 2－5　说明图 2－20 中标注的形位公差的含义。

解：

○ 0.004，表示 ϕ70h6 外圆柱面的圆度公差为 0.004 mm。公差带形状是在同一正截面上，半径差为 0.004mm 的两同心圆间的区域。

↗ 0.015 B，表示 ϕ70h6 外圆柱面对基准轴线 B 的径向跳动公差为 0.015 mm。公差带形状是在垂直基准轴线 B 的任一测量平面内，半径差为 0.015 mm，圆心在基准轴线

B 上的两同心圆间的区域。

// 0.01 A，表示左端面对右端面的平行度公差为 0.01 mm。公差带形状是距离为公差值 0.01 mm，平行基准平面的两平行平面间的区域。

例 2－7：说明图 2－21 中标注的形位公差的含义。

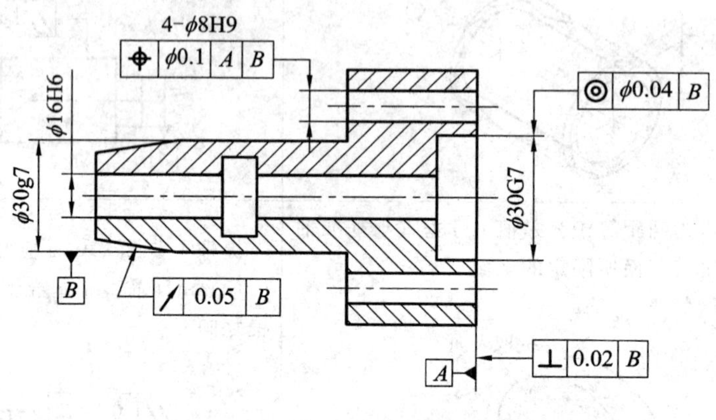

图 2－21　案例二

解：

4-ϕ8H9 ⊕ ϕ0.1 A B，表示 4－ϕ8H9 孔的位置度公差为 ϕ0.1 mm。公差带形状是平行基准轴线 B，垂直基准轴线 A 的任一测量平面内，直径差为 ϕ0.1 mm，基于 4－ϕ8H9 的两同心圆间的区域。

↗ 0.05 B，表示 ϕ30g7 的圆锥表面的斜向圆跳动公差为 0.05 mm。公差带形状是在垂直基准轴线 B 的任一测量平面内，半径差为 0.05 mm，圆心在基准轴线 B 上的沿斜面方向的两同心圆间的区域。

◎ ϕ0.04 B，表示右侧 ϕ30G7 孔的同轴度公差为 ϕ0.04 mm。公差带形状是平行基准轴线 B 的任一测量平面内，直径差为 0.04 mm，圆心在基准轴线 B 上的两同心圆间的区域。

⊥ 0.02 B，表示右端面的垂直度为 0.02 mm。公差带形状是公差值 0.02 mm，垂直基准平面 B 的两平行平面间的区域。

本章小结

机械加工后零件的实际要素相对于理想要素而言总是有误差的，包括形状误差和位置误差。这类误差会影响机械产品的功能，设计时应规定相应的公差并按规定的标准符号标注在图样上。20 世纪 50 年代前后，工业化国家就已经制定了公差标准。国际标准化组织(ISO)于 1969 年公布了公差标准，1978 年推荐了形位公差的检测原理和方法。中国于 1980 年颁布了形状和位置公差标准，其中包括检测规定。形状公差和位置公差简称为形位公差。

加工后的零件会有尺寸公差，因而构成零件几何特征的点、线、面的实际形状或相互位置与理想几何体规定的形状和相互位置就存在差异，这种形状上的差异就是公差。

公差的使用性能将会产生以下影响：

(1) 影响零件的功能要求。

(2) 影响零件的配合性质。

(3) 影响零件的互换性。

(4) 影响零件本身及配合件寿命。

关于公差的相关国家标准(GB)有：

GBT 1182—2008《产品几何技术规范(GPS)几何公差 形状、方向、位置和跳动公差标注》。

GBT 1184—1996《形状和位置公差 未注公差值》。

GBT 4249—2009《产品几何技术规范(GPS)公差原则》。

GBT 16671—2009《形状和位置公差 最大实体要求、最小实体要求和可逆要求》。

GBT 13319—2003《形状和位置公差 位置度公差》。

思考与练习

1. 判断题(正确的打√，错误的打×)

(1) 公差可以说是零件尺寸的最大允许偏差。( )

(2) 基本尺寸不同的零件，只要它们的公差值相同，就可以说明它们的精度要求相同。( )

(3) 国家标准规定，孔只是指圆柱形的内表面。( )

(4) 图样标注 $\phi 2000-0.021$ mm 的轴，加工得愈靠近基本尺寸就愈精确。( )

(5) 孔的基本偏差即下偏差，轴的基本偏差即上偏差。( )

(6) 某孔要求尺寸为 $\phi 20-0.046$ ，今测得其实际尺寸为 $\phi 19.962$ mm，可以判断该孔合格。( )

(7) 未注公差尺寸即对该尺寸无公差要求。( )

(8) 某一配合，其配合公差等于孔与轴的尺寸公差之和。( )

(9) 最大实体尺寸是孔和轴的最大极限尺寸的总称。( )

(10) 公差值可以是正的或负的。( )

(11) 实际尺寸等于基本尺寸的零件必定合格。( )

(12) 因为公差等级不同，所以 $\phi 50$H7 与 $\phi 50$H8 的基本偏差值不相等。( )

(13) 尺寸公差大的一定比尺寸公差小的公差等级低。( )

(14) 一光滑轴与多孔配合，其配合性质不同时，应当选用基孔制配合。( )

(15) 标准公差的数值与公差等级有关，而与基本偏差无关。( )

(16) 只要零件不经挑选或修配，便能装配到机器上去，则该零件具有互换性。( )

2. 填空题

(1) 常用尺寸段的标准公差的大小，随基本尺寸的增大而____，随公差等级的提高而______。

(2) 孔的公差带在轴的公差带之上为____________配合；孔的公差带与轴的公差带相互交叠____________配合；孔的公差带在轴的公差带之下为________配合。

(3) 公差带的位置由＿＿＿＿＿＿＿＿决定，公差带的大小由＿＿＿＿＿＿＿＿决定。

(4) 标准对标准公差规定了＿＿＿＿＿＿级，最高级为＿＿＿＿＿，最低级为＿＿＿＿＿。

(5) 标准公差的数值只与＿＿＿＿＿＿＿＿和＿＿＿＿＿＿＿＿有关。

3. 思考题

(1) 什么是独立原则？

(2) 什么是公差带？公差带由哪两个基本要素组成？

(3) 形状公差的研究对象是什么？

(4) 试说明形状公差有几项？其名称和符号是什么？

(5) 构成定位公差的要素如何确定？如何区分定位公差的被测要素和基准要素？

(6) 跳动公差一般在那种工作场合要求较高？

模块三　量　　测

学习目标

1. 了解量测的基本概念；
2. 了解长度量测常用的术语；
3. 理解长度量测的四大基本原则；
4. 了解量测设备的选择原则及影响量测的相关条件。

学习内容

1. 量测标准与量测技术；
2. 量测、检验、检定三者的区别；
3. 几何量测常用的量测器具；
4. 长度量测常用的术语；
5. 长度量测的四大基本原则；
6. 测量误差；
7. 量测设备的选择原则；
8. 量测对环境条件的一般要求；
9. 基本长度单位。

3.1　产品量测技术

3.1.1　量测标准与量测技术

量测标准是指为了定义、实现、保存或复现量的单位或一个或多个量值用作参考的实物量具、测量仪器、参考物质或测量系统。通过准确精密的量测，才能有效地发展科技，掌控生产，提升品质。

量测技术对产品开发的重要性见图 3 - 1。

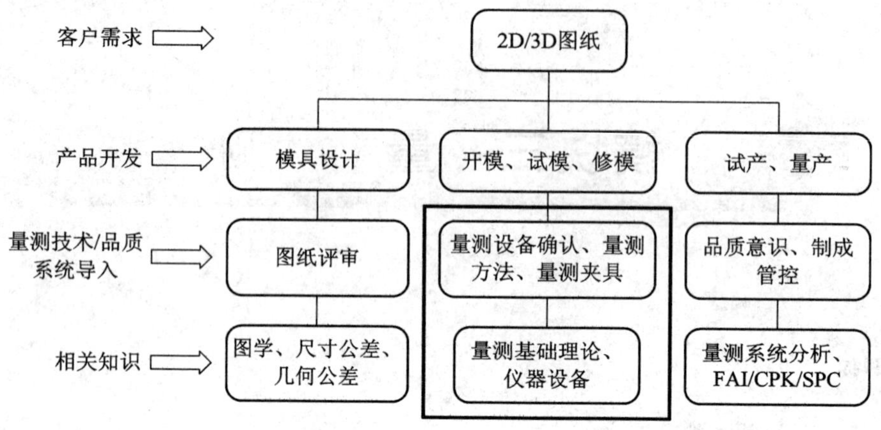

图 3-1 量测技术对产品开发的重要性

3.1.2 量测的基本概念

零件的几何量需要通过量测或检验才能判断其合格与否。量测就是把被测量与具有计量单位的标准量进行比较，从而确定被量测量值的过程。一个完整的几何量量测过程包括被测对象、计量单位、量测方法和量测精度 4 个要素。

1. 量测与测量的区别

与量测的概念不同，测量是按照某种规律，用数据来描述观察到的现象，即对事物作出量化描述。测量是对非量化实物的量化过程。

比如，观测每天的水位，以水的深度来预测明年水位的方法为量测；已知第一块石头的位置，第二块石头要放在第一块石头正东偏北方向 120°、距离 15 米远的位置，要求找到该点并且定位的方法，为测量。

2. 量测的定义及范围

(1) 定义：为确定被测件的量值而进行的全部操作叫做量测。量测的过程如图 3-2 所示。

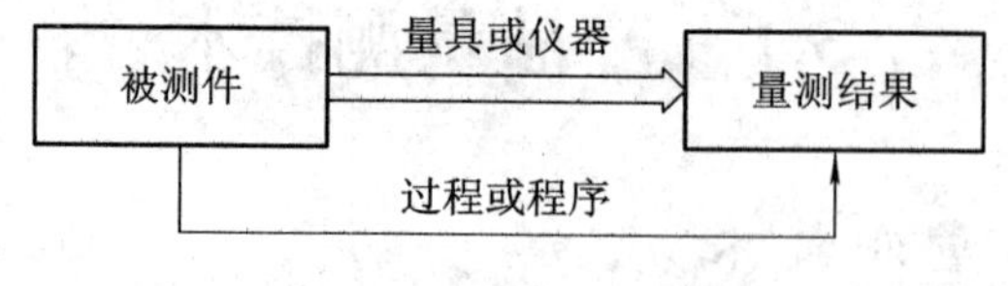

图 3-2 量测过程

(2) 实质：量测的实质是将被测件与标准量或单位量进行比较并确定量值的过程，如图 3-3 所示。

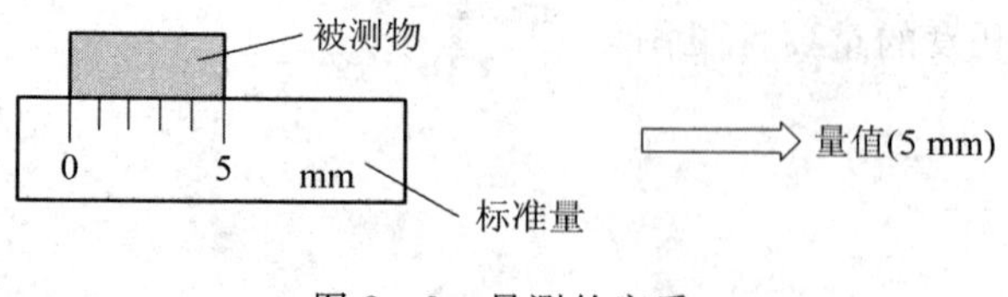

图 3-3 量测的实质

3. 量测、检验、检定三者的区别

将测量结果与图纸上的技术要求(尺寸、形位公差、表面粗糙度等)进行对比，从而判断零件是否合格或者超差多少的过程叫检验。检验是对产品的一种或多种特性进行测量、检查、试验或度量(包括计数)，并将结果与规定的要求进行比较以确定是否合格的活动。有时产品批量很大，常采用抽样检验的方法确定该批产品是否合格。检验不一定需要测出具体数值。

为评定计量器具的精度指标是否合乎该计量器具的检定规程的全部过程叫检定。检定的主要对象是计量器具，它们之间的区别如表 3-1 所示。

表 3-1　量测、检验、检定的区别

名称	数值	作用对象	比照结果	实　例
量测	有	工件	以具体的测量数值反映被测对象	用卡尺测量一孔径为4.00 mm
检验	无	工件	仅以 OK、FAIL、NG、OK 等形式反映	用螺纹规检验螺纹孔
检定	无	计量器具	合格与不合格	用量块检定分厘卡

3.1.3　几何量的概念

表征几何特性的量称为几何量，包括长度、角度、几何形状、相互位置、表面粗糙度等。从物理学观点看，之所以称其为几何量，是因为它所体现的量属于几何学中的空间位置、形状和大小。

1. 几何量的特点

1）基本性

几何量的基本参量是长度和角度。电磁量、能量、光通量、流量、容量等许多量都与几何量有关。长度单位“米”在国际单位制(SI)中被列为第一个基本单位，不少导出单位也都包含长度单位因子，因此导出单位计量基准的准确度，很大程度上取决于长度计量单位量值的准确度。

2）多维性

物体的形状和位置都可以用坐标空间中的若干点来表示。由三个互相垂直的坐标轴构成的坐标空间称为三维空间。在几何量中除了使用长度和角度两个基本参量外，还引入了一些工程参量，如圆度，锥度、粗糙度、渐开线与螺旋线等，这些参量都是多维复合参量。

3）广泛性

几何形体是客观世界中最广泛的物质形态，绝大部分的物理量都是以几何量信息的形式进行定量描述的。

2. 几何量量测

几何量量测是指为确定被测几何量的量值而进行的实验过程。其实质就是将被测几何量与作为计量单位的标准量进行比较，从而确定两者比值的过程。

3. 被测对象

被测对象包括长度、角度、表面粗糙度、形状位置误差以及螺纹、齿轮的各个几何参数等，如图 3-4 所示。

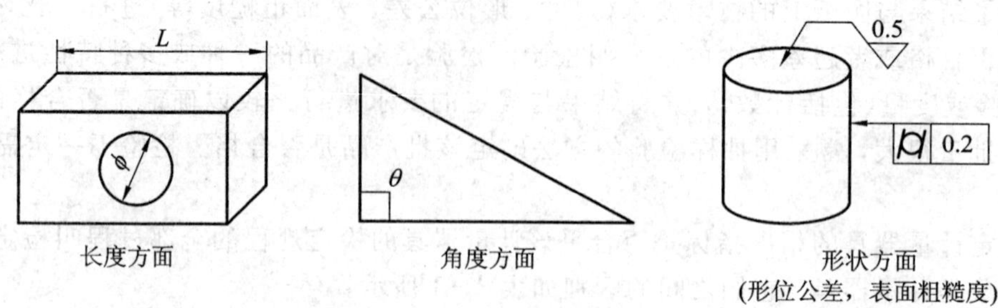

图 3-4　被测对象

4. 几何量量测常用的量测器具

在生产中，为保证零件的加工质量，要对加工出来的零件按照要求进行表面粗糙度、尺寸精度、形状精度、位置精度的测量，所使用的工具为量具。在加工零件、检修设备、安装调试等工作中，均需要用量具来检测加工质量是否合乎要求。所以熟悉量具的结构、性能及其使用方法，是技术人员确保产品质量的一项重要技能。

量具的种类很多，根据其用途和特点不同，可以分为以下三类：

(1) 万能量具。这类量具一般都有刻度，在其测量范围内可以直接测出零件和产品形状及尺寸的具体数值，如游标卡尺、千分尺、百分表和万能角度尺等。

(2) 专用量具。这类量具不能测量出实际尺寸，只能测定零件和产品的形状、尺寸是否合格，如卡规、塞规等。

(3) 标准量具。这类量具只能制成某一固定尺寸，通常用来校对和调整其他量具，也可以作为标准与被测量件进行比较，如量块、角度量块。

根据被测对象来分，有长度方面、角度方面和形状方面的量具，具体见表 3-2，图3-5 为一些常用量具。

表 3-2　几何量量测常用器具

被测对象	几何量量测常用器具
长度方面	游标卡尺、千分尺、量表、块规、高度尺、三坐标测量机、光学投影仪等
角度方面	角度块规、角度量规、角尺、直角规、量角器、组合角尺、水平仪、三坐标测量机、光学投影仪等
形状方面	表面粗糙度量测仪、轮廓量测仪、真圆度量测仪、光学平晶、三坐标测量机、光学投影仪等

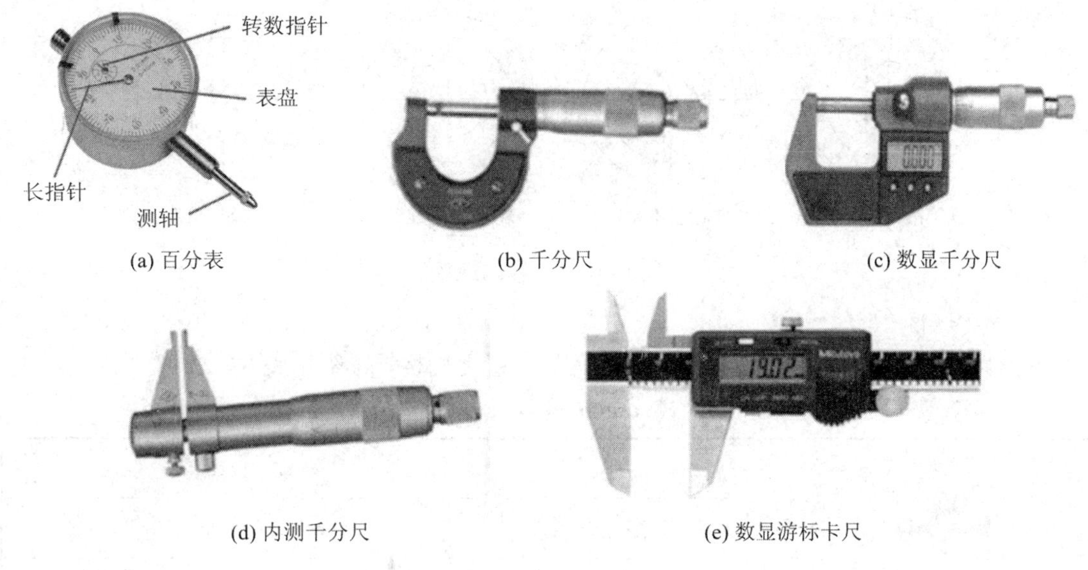

(a) 百分表　(b) 千分尺　(c) 数显千分尺

(d) 内测千分尺　(e) 数显游标卡尺

图 3-5　一些常见量具

3.2 长度量测

3.2.1 长度量测常用的术语

量测精度是指被测几何量的测得值与其真值的接近程度。量测误差越小，测量精度就越高；量测误差越大，则量测精度就越低。在量测过程中，我们也会考虑到以下 9 种现象：

1. 精密度

精密度(Precision)是指在规定的量测条件下连续多次量测时，所得到的各量测结果彼此之间符合的程度。它反映了量测结果中随机误差的大小。随机误差越小，精密度越高，表示量测仪器对同一待测工件，以相同量测过程做重复量测，其量测结果的重复性。

2. 准确度

准确度(Correctness)是指在规定的量测条件下，量测结果与真值的接近程度。它反映了量测结果中系统误差影响的程度。系统误差越小，准确度越高，表示实际量测值(或量测平均值)与真值之间的一致性程度。

3. 精度

1) 精度的概念

精度(Accuracy)是精密度和准确度二者的综合，有时称精确度。

精确度是指连续多次量测所得的测得值与真值的接近程度。它反映了量测结果中系统误差与随机误差综合影响的程度。系统误差和随机误差越小，精确度越高。

对于一次具体的量测，精密度高，正确度不一定高，反之亦然；但精确度高时，正确度和精密度必定都高。准确与精密的判断如图 3-6 所示。

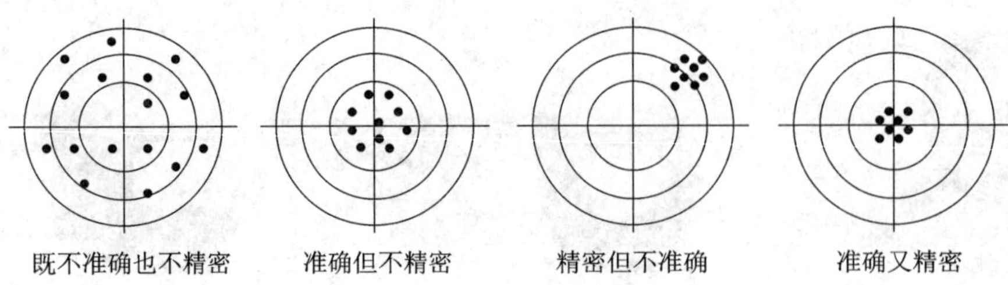

图 3-6 精度示意图

2）精度规格

下面以 Hexagon 量测设备为例，量测设备的精度规格，介绍见表 3-3。

表 3-3 Hexagon 量测设备的技术规格

品牌	Hexagon
型号	Global Performance 575
量程	500×700×500
精度	$(1.9-3L/1000)\mu m$

注： 精度公式中 L(量程)单位为 mm，精度单位为 μm。被测尺寸越大，量测误差越大。计算时将被测的实际长度代入公式中计算，比如量块长度为 300 mm 时，XY 轴向精度为：

$$1.9+\frac{3\times 300}{1000}=1.9+0.9=2.8\ \mu m$$

4. 分辨率

分辨率(分度值，Resolution)是指量具或仪器对量值所能表现的最小读数的能力。

(1) 对于游标量具，分辨率指相邻两刻线所代表的量值之差。

(2) 对于数显式仪器，则要看仪器读数指示屏显示量值的最后一位小数所代表的量值。如投影机显示的读数为 10.051，则分辨率为 0.001。

5. 量测范围

量测范围(Measuring Range)是指仪表按规定的精度进行测量的范围。量测范围的最小值和最大值分别称为测量下限和测量上限，简称下限和上限。仪表的量程用来表示其量测范围的大小，是其测量上限值与下限值的代数差，即量程＝测量上限值－测量下限值。给出仪表的量测范围便知上下限及量程；反之只给出仪表的量程，却无法确定其上下限及量测范围。

6. 灵敏度

灵敏度(Sensitivity)表示量测仪器对于检测微小信号变化量的能力。如百分表在检测到 0.01 mm 的变化时，指针就会变化；而千分表在检测到 0.001 mm 的变化时，指针就会变化。可见，千分表比百分表灵敏度高。

7. 量测不确定度

量测不确定度(Measurement Uncertainty)是对量测真值存在范围的估计值。它表示由于测量误差的存在，对测量值不能肯定的程度。它的计算需对大量量测的统计值加以估计，并以标准偏差来表现其特征。

量测不确定度可以通过 3σ 原则来判别。3σ 原则的数值分布概率为：$\pm\sigma$——68.26%、$\pm 2\sigma$——95.46%、$\pm 3\sigma$——99.73%。

8. 重复性

重复性(Repeatability)又称量具变异，是指用同一种量具，经同一位作业者多次测量相同零件的相同特性时出现的变异。量测同一组工件的过程中，任一量测值均分布于总平均值的附近。这种分布程度即表示量测的重复程度，如图 3-7 所示。精密度通常也被称为重复性。

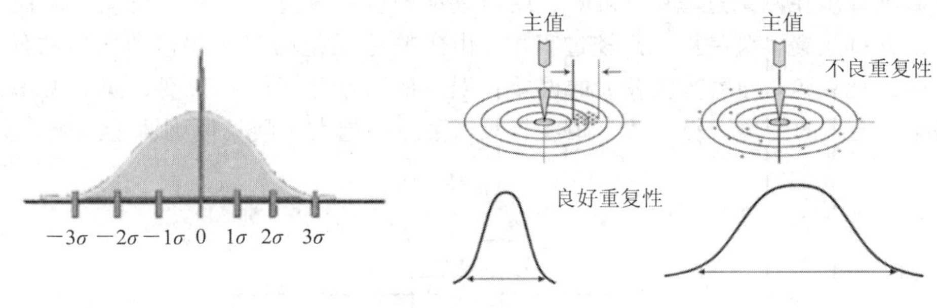

图 3-7　重复性

重复性的前提：

(1) 同一作业者；

(2) 同一量具；

(3) 同一被测工件；

(4) 测量次数为多次($N>1$)。

重复性的结果：反映量具变异(量具产生的误差)

9. 再生性

再生性(Reproducibility)又称作业者变异，指不同作业者以相同量具量测相同产品的同一特性时，量测平均值的变异，如图 3-8 所示。在量测的条件有所变化时，重复的测量值也会也有变异，如操作者、装夹、位置、环境条件、较长的时间段等。

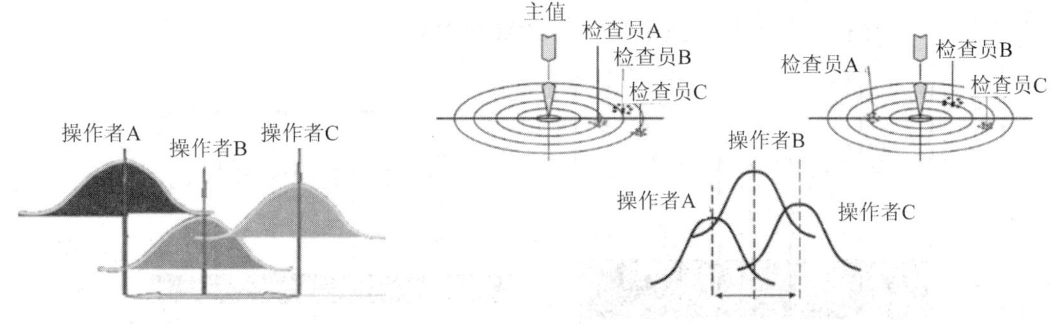

图 3-8　再生性

再生性的前提：

(1) 不同作业者；

（2）同一量具；

（3）同一被测工件。

再生性的结果：反映作业者的变异（不同操作者产生的误差）

3.2.2 长度量测的四大基本原则

在实际测量中，对于同一被测量对象往往可以采用多种测量方法。为减小测量的不确定度，应尽可能遵守以下基本测量原则：

1. 阿贝原则

阿贝原则要求在测量过程中，被测长度与基准长度应安置在同一直线上。若被测长度与基准长度并排放置，则在测量比较过程中，由于制造误差的存在和移动方向的偏移，两长度之间会出现夹角，导致产生较大的误差。误差的大小除了与两长度之间的夹角大小有关外，还与其之间的距离大小有关。距离越大，误差也越大。阿贝原则测量示意图如 3－9 所示。

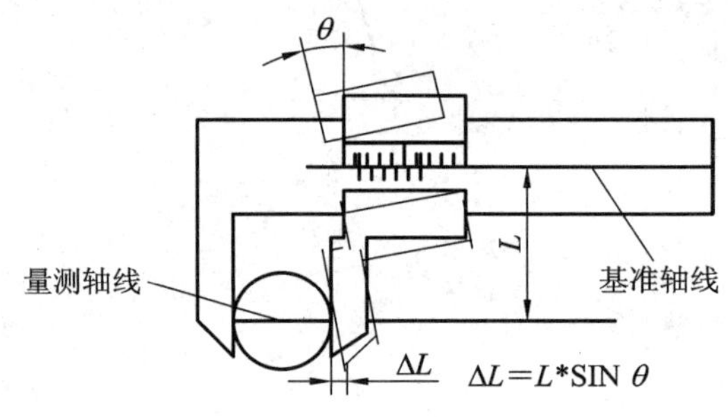

图 3－9 阿贝原则

2. 最小变形原则

为了使结果准确可靠，在测量中应该尽量做到使各种原因所引起的变形为最小，这就是测量的最小变形原则。

引起工件变形的因素主要有以下几个方面：

（1）测量力引起的接触变形；

（2）自重变形（采用艾利点、贝塞尔点支撑可减小变形，如图 3－10 所示）；

（3）热变形（材料不均匀和受热不均匀以及温度影响）。

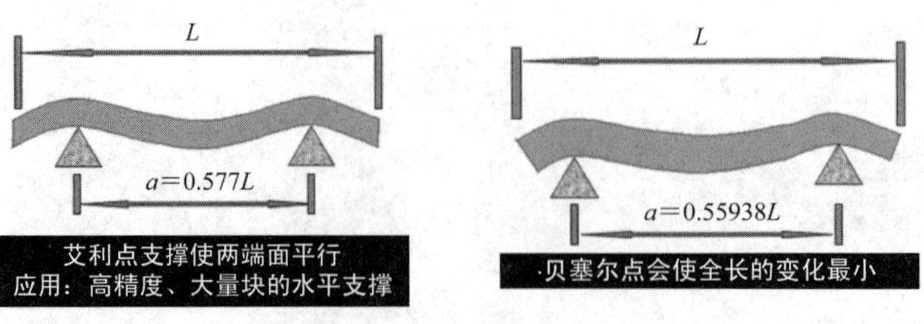

(a) Airy Point Support(艾利点)　　(b) Bessel Points(贝塞尔点)

图 3－10 艾利点与贝塞尔点示意图

3. 最短测量链原则

测量链可保证在测量系统中，测量信息信号转换的所有转换器(转换单元)按顺序排列，如图 3-11 所示。

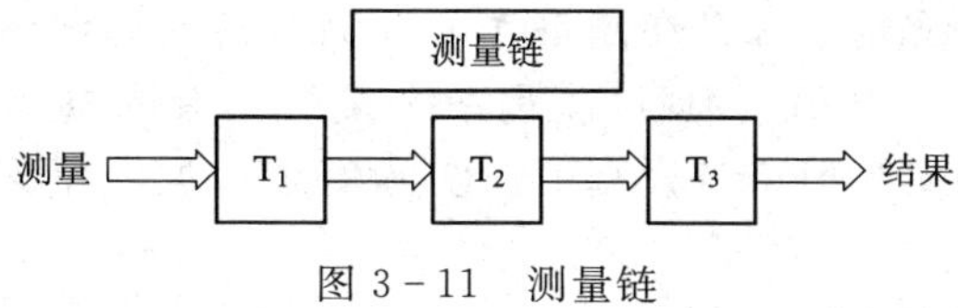

图 3-11　测量链

为避免各量测环节增多而导致误差因素增多，故测量链的环节应最少，即遵循测量链最短原则。

例如，如图 3-12 所示，要求使用卡尺测量圆心距离 L。

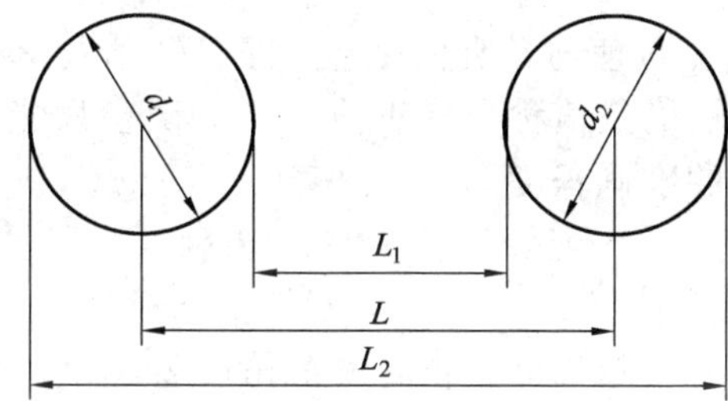

图 3-12　尺寸链运用实例图

有如下三种测量方法：

(1) $L=\frac{1}{2}d_1+\frac{1}{2}d_2+L_1$

(2) $L=L_2-\frac{1}{2}d_1-\frac{1}{2}d_2$

(3) $L=\frac{1}{2}L_1+\frac{1}{2}L_2$

可见，方法(3)测量链最短，误差最小。

4. 封闭原则

假设在测量中如能满足封闭条件，则其间隔误差的总和必为零。封闭原则是角度计量的最基本的原则。

根据这一原则，有

$$\Delta 1+\Delta 2+\Delta 3+\Delta 4+\Delta 5=0 \tag{3-1}$$

其中，$\Delta 1 \sim \Delta 5$ 为角 1～5 存在的误差。

如图 3-13 所示，尺寸标注应遵循不封闭原则，即不应标注成封闭的尺寸链。

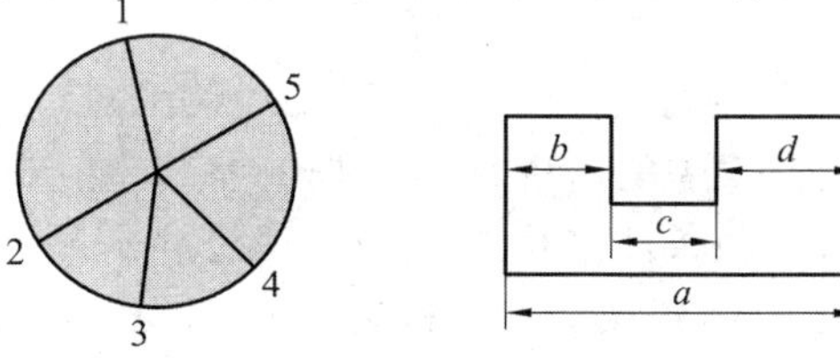

(a) 封闭原则表示方法1　　(b) 封闭原则表示方法2

图 3-13　两种封闭原则表示法

3.2.3 测量误差

1. 测量误差的基本概念

使用任何仪器进行测量时，都存在测量误差。测量结果与测量的真值之间的差异，称为量测误差(Measurement Error)。真值就是一个量所具有的真实数值。真值是一个理想概念，实际应用中通常用实际值来替代真值。实际值是根据测量误差的要求，用更高一级的标准器具测量所得的值。

测量误差的计算公式如下：

$$\text{测量误差}=\text{测量值}-\text{真值(标称值)} \tag{3-2}$$

测量误差有绝对误差和相对误差两种表示方法。

1）绝对误差

绝对误差是指被测量的测量值与其真值之差，即量测值与真值(标称值)之差。与绝对误差的大小相等，但符号相反的量值称为修正值。绝对误差只能说明测量结果偏离实际值的情况，不能确切反映测量的准确程度。

$$\text{绝对误差 ä} = X - X_0 \tag{3-3}$$

式中：X 为待测量值；X_0为真值。

测量误差的绝对值越小，就越接近真值，测量精度就越高。绝对误差适用于评定或比较相同的被测几何量的测量精度。

2）相对误差

测量中常用绝对误差与仪器的满刻度值之比来表示相对误差，称为引用相对误差。相对误差是两个相同量纲的量的比值，只有大小和符号。测量仪器使用最大引用相对误差表示它的准确度，它反映了仪器综合误差的大小。电工仪表一般分为 7 级：0.1，0.2，0.5，1.0，1.5，2.5，5.0。当仪表的准确度等级确定以后，示值越接近量程，示值相对误差就越小。所以测量时要注意选择量程，尽量使仪表指示在满度值的 2/3 以上区域。

$$\text{相对误差 } f=\frac{|X-X_0|}{X_0}\times 100\% \tag{3-4}$$

例 3-1 已知所测两孔直径大小分别为 50.86 mm 和 20.97 mm，其绝对误差分别为 +0.02 mm和 +0.01 mm，判断那个孔测量的精度更高。

解：由式(3-4)可得到它们的相对误差为：

$$f_1=\frac{0.02}{50.86}\times 100\%=0.0393\%$$

$$f_2=\frac{0.01}{20.97}\times 100\%=0.0477\%$$

故前者测量精度比后者高。

2. 测量误差来源

测量工作是在一定条件下进行的，外界环境、观测者的技术水平和仪器本身构造的不完善等原因，都可能导致测量误差的产生。通常把测量仪器、观测者的技术水平和外界环境三个方面综合起来，称为观测条件。观测条件不理想和不断变化，是产生测量误差的根本原因。通常把观测条件相同的各次观测，称为等精度观测；观测条件不同的各次观测，称为不等精度观测。

具体来说，测量误差主要来自以下四个方面：

（1）人为误差。人为误差是指测量人员人为引起的测量误差，如测量人员使用的量具/设备不正确、测量瞄准不准确等。

（2）工件本身因素。

（3）环境因素：

① 测量时环境条件不符合标准的测量条件所引起的测量误差。

② 环境温度、湿度等不符合标准引起的测量误差。

（4）量具/设备误差：

① 量具/设备本身所具有的误差，包括量具/设备的设计、制造和使用过程中的各项误差，这些误差的总和反映在示值误差和测量的重复性上。

② 设计量具/设备时，为了简化结构而采用近似设计的方法产生的测量误差。

（5）测量方法因素。如测量方法不完善（包括计算公式不准确、测量方法选择不当等）引起的误差，如图 3-14 所示。

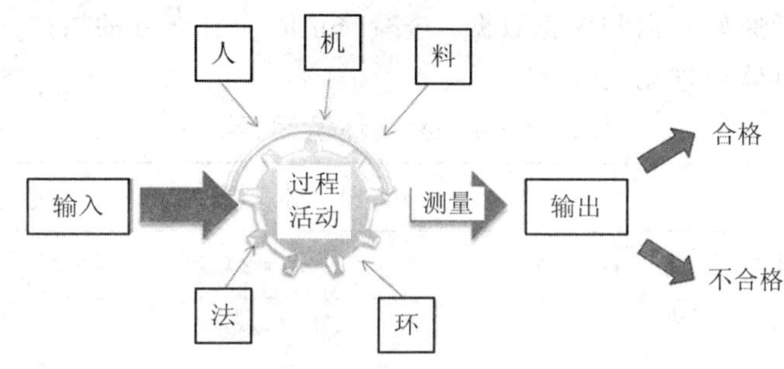

图 3-14　量测方法因素

如果测量出现问题，会影响输出的结果，不能得到产品或过程的真实特性。

3.2.4　量测设备的选择原则

选用量测仪器应从技术性和经济性出发，使其类型、规格选择与工件的外形、位置、尺寸、被测参数特征相适应，计量特性（如最大允许误差、稳定性、测量范围、灵敏度、分辨力等）适当，满足预定要求，既要够用，又不过高，同时还要考虑测量方法的选择。

1. 根据工件的加工批量

批量小的选用普通测量仪器，批量大的选用量规及检验夹具，以提高测量效率。

2. 根据工件的结构和重量

轻小而简单的工件可以放到量仪上测量；重大复杂的工件则要用上置式量仪，即将量仪拿到工件上测量。

3. 根据工件尺寸的大小和要求

要使测量仪器的规格能容纳工件，测量头能伸入被测部位。

4. 根据工件要求的误差（公差）

通常测量仪器的最大允许误差为工件公差的 1/3～1/10。若被测工件属于测量设备，则必须选用其公差的 1/10；若被测工件为一般产品，则选用其公差的 1/3～1/5；若测量仪器条件不允许，也可为其公差的 1/2，但此时测量结果的置信水平就相应下降了。例如，蓝图上某一工件的尺寸为 $\phi 20 \pm 0.04$，要测量此尺寸时，需选精度为 0.03～0.008 mm 的量测设备进行量测，如千分尺。

5. 灵敏度

在选择灵敏度时，应注意测量仪器的灵敏度过低会影响测量的准确度，过高又难于及时达到平衡状态。

6. 经济

在同等精度条件下，要满足被测工件的精度要求下，还要选低成本、容易操作的量测仪器。测量应有一定效率，尽量选用结构简单、可靠、操作方便灵活、容易维护、对操作者技术水平和熟练程度要求低的设备。

3.2.5 量测对环境条件的要求

为保证测量结果的有效性，必须在受控的环境下对测量标准和测量设备进行校准、调整和使用，应考虑温度、温度变化率、湿度、照明、振动、灰尘控制、清洁度、电磁干扰及其他影响测量结果的因素，并对上述因素进行连续的监控和记录，必要时应对测量结果进行修正。记录应包括原始数据和修正数据，进行修正时应有充分的根据。

量测对环境的具体要求见表 3-4。

表 3-4 量测环境因素

项　目	具　体　要　求
温度	20±2℃
湿度	30%～80%
照明	600～800LUX
振动	不大于 5～6 μm
清洁度	洁净、灰尘少

3.2.6 基本长度单位

长度单位是指丈量空间距离的基本单元，是人类为了规范长度而制定的基本单位。长度的国际单位是米(符号 m)，常用单位有毫米(mm)、厘米(cm)、分米(dm)、千米(km)、米(m)、微米(μm)、纳米(nm)等等。长度单位在各个领域都有重要的作用。

常用的基本长度单位见表 3-5。

表 3-5 测量长度单位

范　围	单　位	替换单位	换算单位
长度方面	mm(毫米)	条、道、丝	1 mm=100 条=10^3 μm
	inch(英寸)		1 inch=25.4 mm=10^6 μm
	μm(微米)		1 μm=10^3 nm=39.4 μinch
	μinch(微英寸)		1 μinch=0.0245 μm
	nm(纳米)		1 nm=10^{-3} μm=10^{-6} mm
角度方面	°(度)	°(度)′(分)″(秒)	1°=60′=3600″

本章小结

1. 量测与测量的区别

把被测量值与具有计量单位的标准量进行比较，从而确定被量测量值的过程叫量测。按照某种规律，用数据来描述观察到的对象，即对事物作出量化描述的过程叫做测量。

2. 量测、检验、检定的区别

从数值、作用对象、比照结果、应用几个方面进行区别，内容见表3-1。

3. 长度量测常用的术语

(1) 精密度：表示量测仪器对同一待测工件，以相同量测过程做重复量测，其量测结果的重复性。

(2) 准确度：表示实际量测值(或量测平均值)与真值之间的一致性程度。

(3) 精度：是精密度和准确度二者的综合，有时称精确度。

(4) 分辨率：表示量具或仪器对量值所能表现的最小读数的能力。

(5) 量测范围：是在允许误差限内，量具仪器所能测量工件的最低值到最高值的范围。

(6) 灵敏度：表示量测仪器对于检测微小信号变化量的能力。

(7) 量测不确定度：是由于测量误差的存在，对测量值不能肯定的程度。它的计算需对大量量测的统计值加以估计，并以标准偏差来表现其特征。

(8) 重复性：表示量测同一组工件的过程中，任一量测值均分布于总平均值的附近，该分布程度即表示量测的重复程度。

(9) 再生性：表示不同作业者以相同的量具量测被测工件的特性时，量测的平均值的差异。

4. 长度量测的四大基本原则

(1) 阿贝原则；

(2) 最小变形原则；

(3) 最短测量链原则；

(4) 封闭原则。

5. 引起量测的误差因素

(1) 人为误差；

(2) 工件本身因素；

(3) 环境因素；

(4) 量具/设备误差；

(5) 量测方法。

6. 量测对环境条件的一般要求

测量对环境的温度、湿度、照明、振动、清洁度等都有明确的要求，具体见表3-4。

思考与练习

1. 什么是量测？

2. 量测的四大基本原则是什么？

3. 量测误差的来源包含哪些方面？

4. 指出图 3-15 中的设备精度情况。

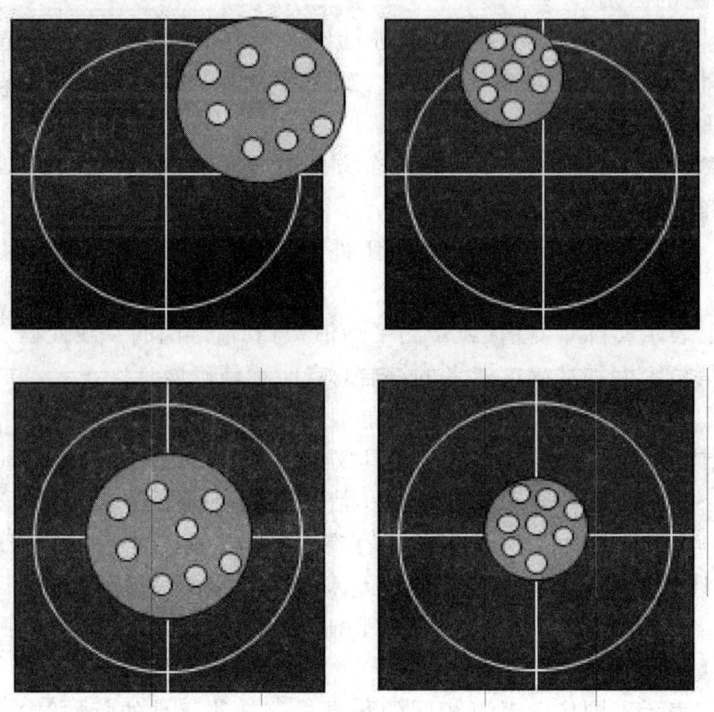

图 3-15 设备几种精度情况示意图

模块四　常用的量测仪器

1. 了解精密测量仪的分类；
2. 掌握各类测量仪的工作原理和使用、维护方法；
3. 了解通用测量工具的分类和使用、维护方法。

学习内容

1. 三坐标测量机的定义、组成、工作原理、日常维护、使用方法；
2. 光学影像测量仪，手摇影像测量仪，数字化影像测量仪；
3. CAV(Computer Aided Verification)全尺寸检测仪；
4. 白光干涉仪(White Light Interferometers)；
5. 表面粗糙度测量仪；
6. 色差仪；
7. 其他常用量具功能介绍。

4.1　三坐标测量机

4.1.1　三坐标测量机的定义

三坐标测量机(Coordinate Measuring Machine，cmm)是一种接触式探测器，可在三个相互垂直的导轨上移动。三坐标测量机是将被测对象置于三坐标测量机的测量空间内，获得被测对象上各测点的坐标位置，根据这些点的空间坐标值，经过数学运算，求出被测的几何元素的点、线、面、圆、球、圆柱、圆锥等，计算出形位公差直线度、平面度、圆度、圆柱度、垂直度、位置度、轮廓度等。

4.1.2　三坐标测量机的组成

三坐标测量机的结构由三个正交的直线运动轴构成。图 4-1 为三坐标测量机的结构图，X 向导轨系统装在工作台上，移动桥架横梁是 Y 向导轨系统，Z 向导轨系统装在中央滑架内。三个方向轴上均装有光栅尺，用以度量各轴的位移值。人工驱动的手轮及机动、数控驱动的电机一般都在各轴附近。用来触测被检测零件表面的测头装在 Z 轴端部(测头)。三坐标测量机的电子系统(控制系统)一般由光栅计数系统、测头信号接口和计算机等组成，用于获得被测坐标点的数据，并对数据进行处理。

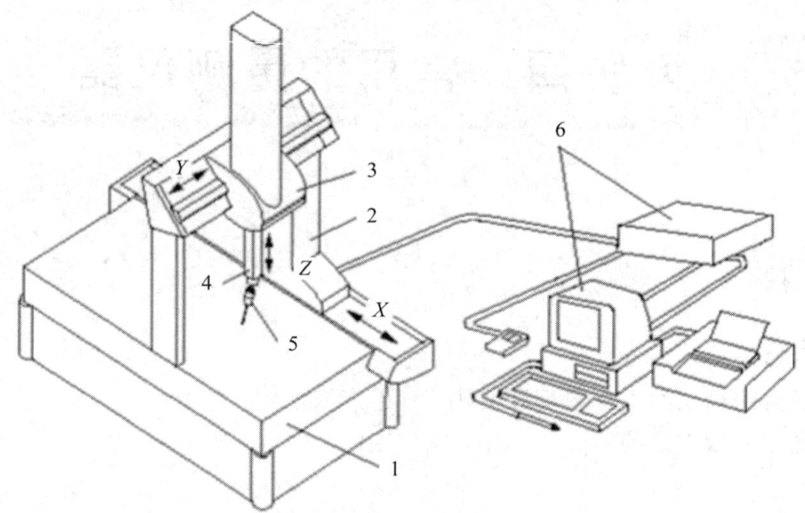

1—工作台；2—移动桥梁；3—中央滑架；4—Z轴；5—测头；6—电子系统

图 4-1 三坐标测量机的组成

4.1.3 工作原理

三坐标测量机是基于坐标测量的通用化数字测量设备。它首先将各被测几何元素的测量转化为对这些几何元素上一些点集坐标位置的测量，在测得这些点的坐标位置后，再根据它们的空间坐标值，经过数学运算求出其尺寸和形位误差。如图 4-2 所示，要测量工件上一圆柱孔的直径，可以在垂直于孔轴线的截面内触测内孔壁上三个点(点 1，2，3)，则根据这三点的坐标值就可计算出孔的直径及圆心坐标 O_I；如果在该截面内触测更多的点(点 1，2，…，n；n 为测点数)，则可根据最小二乘法或最小条件法计算出该截面圆的圆度误差；如果对多个垂直于孔轴线的截面圆(I，m；m 为测量的截面圆数)进行测量，则根据测得点的坐标值可计算出孔的圆柱度误差以及各截面圆的圆心坐标，再根据各圆心坐标值又可计算出孔轴线位置；如果再在孔端面 A 上触测三点，则可计算出孔轴线对端面的位置度

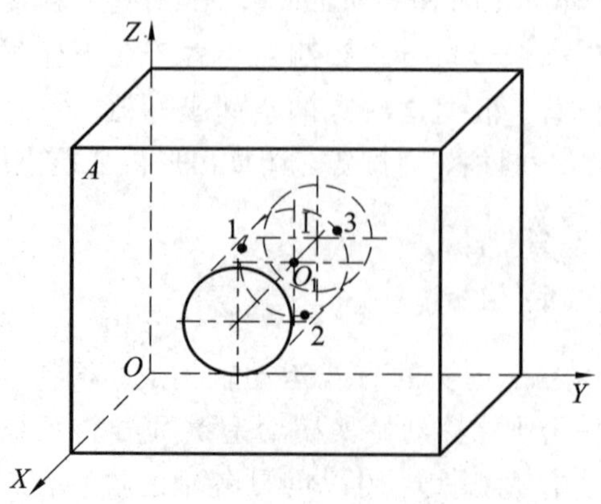

图 4-2 三坐标测量机原理图

误差。由此可见，三坐标测量机的这一工作原理使得其具有很大的通用性与柔性。从原理上说，它可以测量任何工件的任何几何元素的任何参数。

图 4-3 为接触式桥式三座坐标测量机，具体参数如下：

名称：接触式桥式三座坐标测量机

品牌：海克斯康(Hexagon)

型号：Global Silver Performance

软件：PC-DMIS CAD++

测量机测座：PH10M 自动分度测座

测量机测头：SP25 扫描/触发套装组

测量行程：500(*X* 轴)×700 (*Y* 轴) ×500 (*Z* 轴)mm

测量精度：$x/y/z$：$(1.5+3.0L/1000)\mu m$

测量平台：高精度花岗石测量平台

承载重量：227 kg

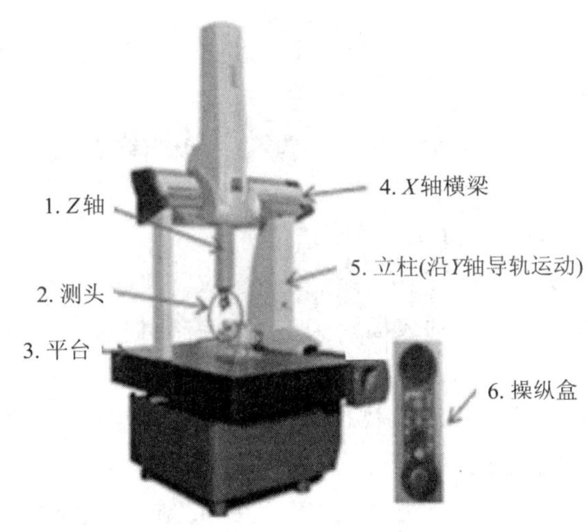

图 4-3　接触式桥式三座坐标测量机

4.1.4　使用方法

三坐标测量机的测量方式通常可分为接触式测量、非接触式测量和接触与非接触并用式测量。其中，接触测量方式常用于机加工产品、压制成型产品、金属膜等的测量。为了分析工件加工数据，或为逆向工程提供工件原始信息，经常需要用三坐标测量机对被测工件表面进行数据点扫描。本文以三坐标的 FOUNCTION-PRO 型三坐标测量机为例，介绍三坐标测量机的几种常用扫描方法及其操作步骤。

三坐标测量机的扫描操作是应用 PC DMIS 程序在被测物体表面的特定区域内进行数据点采集，该区域可以是一条线、一个面片、零件的一个截面、零件的曲线或距边缘一定距离的周线等。扫描类型与测量模式、测头类型以及是否有CAD文件等有关，控制屏幕上的“扫描”(Scan)选项由状态按钮(手动/DCC)决定。若采用DCC方式测量，又有CAD文件，则可供选用的扫描方式有“开线”(Open Linear)、“闭线”(Closed Linear)、“面片”(Patch)、“截面”(Section)和“周线”(Perimeter)扫描；若采用DCC方式测量，而只有线框型CAD文件，则可选用“开线”(Open Linear)、“闭线”(Closed Linear)和“面片”(Patch)扫描方式；若采用手动测量模式，则只能使用基本的“手动触发扫描”(Manul TTP Scan)方式；若采用手动测量方式并使用刚性测头，则可用选项为“固定间隔”(Fixed Delta)、“变化间隔”(Variable Delta)、“时间间隔”(Time Delta)和“主体轴向扫描”(Body Axis Scan)方式。

下面详细介绍在DCC状态下，进入“功能”(Utility)菜单选取“扫描”(Scan)选项后可供选择的五种扫描方式：

1. 开线扫描

开线扫描(Open Linear Scan)是最基本的扫描方式。测头从起始点开始，沿一定方向并按预定步长进行扫描，直至终止点。开线扫描可分为有、无CAD模型两种情况。

1) 无CAD模型

如被测工件无CAD模型，首先输入边界点(Boundary Points)的名义值，打开对话框中的“边界点”选项后，先点击“1”，输入扫描起始点数据；双击“D”，输入方向点(表示扫描方向的坐标点)的新的X、Y、Z坐标值；双击“2”，输入扫描终点数据。

第二项输入步长。在“扫描”对话框(Scan Dialog)中“方向1技术”(Direction 1 Tech)栏中的“最大”(Max Inc)栏中输入一个新步长值。

最后检查设定的方向矢量是否正确。该矢量定义了扫描开始后第一测量点表面的法矢、截面以及扫描结束前最后一点的表面法矢。当所有数据输入完成后点击“创建”。

2) 有CAD模型

如被测工件有CAD模型，开始扫描时用鼠标左键点击CAD模型的相应表面，PC DMIS程序将在CAD模型上生成一点并加标志“1”表示为扫描起始点；点击下一点定义扫描方向；点击终点(或边界点)并标志为“2”，然后在“1”和“2”之间连线；对于每一所选点，PC DMIS已在对话框中输入相应的坐标值及矢量；确定步长及其他选项(如安全平面、单点等)后点击“测量”，然后点击“创建”。

2. 闭线扫描

闭线扫描(Closed Linear Scan)方式允许扫描内表面或外表面，它只需“起点”和“方向点”两个值(PC DMIS程序将起点也作为终点)。

1) 数据输入操作

双击边界点“1”，在编辑对话框中输入位置；双击方向点“D”，输入坐标值；选择扫描类型(“线性”或“变量”)，输入步长，定义触测类型(“矢量”“表面”或“边缘”)；双击“初始矢量”，输入第“1”点的矢量，检查截面矢量；键入其他选项后，点击“创建”。

也可使用三坐标测量机操作盘触测被测工件表面的第一测点，然后触测方向点，PC DMIS程序将把测量值自动放入对话框，并自动计算初始矢量；选择扫描控制方式、测点类型及其他选项后，点击“创建”。

2) 有CAD模型的闭线扫描

如被测工件有CAD模型，测量前确认"闭线扫描"；首先点击表面起始点，在CAD模型上生成符号"1"(点击时表面和边界点被加亮，以便选择正确的表面)；点击扫描方向点，PC DMIS将在对话框中给出所选位置点相应的坐标及矢量；选择扫描控制方式、步长及其他选项后，点击"创建"。

3. 面片扫描

面片扫描(Patch Scan)方式允许扫描一个区域而不再是扫描线。应用该扫描方式至少需要四个边界点信息，即开始点、方向点、扫描长度和扫描宽度。PC DMIS可根据基本(或缺省)信息给出的边界点1、2、3确定三角形面片，扫描方向则由D的坐标值决定。若增加了第四或第五个边界点，则面片可以为四方形或五边形。

采用面片扫描方式时，在复选框中选择"闭线扫描"，表示扫描一个封闭元素(如圆柱、圆锥、槽等)，然后输入起始点、终止点和方向点。终止点位置表示扫描被测元素时向上或向下移动的距离。用起始点、方向点和起始矢量可定义截平面矢量(通常该矢量平行于被测元素)。现以创建四边形面片为例，介绍面片扫描的几种定义方式：

1) 键入坐标值方式

双击边界点"1"，输入起始点坐标值X、Y、Z；双击边界方向点"D"，输入扫描方向点的坐标值；双击边界点"2"，输入确定第一方向的扫描宽度；双击边界点"3"，输入确定第二方向的扫描宽度；点击边界点"3"，然后按"添加"按钮，对话框给出第四个边界点；双击边界点"4"，输入终止点坐标值；选择扫描所需的步长(各点间的步距)和最大步长(1、2两点间的步长)值后，点击"创建"。

2) 触测方式

选定"面片扫描"方式，用三坐标测量机操作盘在所需的起始点位置触测第一点，该点坐标值将显示在"边界点"对话框的"＃1"项内；触测第二点，该点代表扫描第一方向的终止点，其坐标值将显示在对话框的"D"项内；触测第三点，该点代表扫描面片宽度，其坐标值将显示在对话框的"＃3"项内；点击"3"，选择"添加"，可在清单上添加第四点；触测终止点，关闭对话框；定义扫描行距和步长两个方向数据；选择扫描触测类型及所需选项后，点击"创建"。

3) CAD曲面模型方式

该扫描方式只适用于有CAD曲面模型的工件。首先选定"面片扫描"方式，左键点击CAD工作表面；加亮"边界点"对话框中的"1"，左键点击曲面上的扫描起始点；加亮"D"，点击曲面定义方向点；点击曲面定义扫描宽度(＃2)曲面定义扫描上宽度(＃3)；点击"3"，选择"添加"，添加附加点"4"；加亮"4"，点击定义扫描终止点，关闭对话框；定义两个方向的步长及选择所需选项后，点击"创建"。

4. 截面扫描

截面扫描(Section Scan)方式仅适用于有CAD曲面模型的工件，它允许对工件的某一截面进行扫描。扫描截面既可沿X、Y、Z轴方向，也可与坐标轴成一定角度。通过定义步长可进行多个截面扫描。可在对话框中设置截面扫描的边界点，按"剖切CAD"转换按钮，可在CAD曲面模型内寻找任何孔，并可采用与开线扫描类似方式定义其边界线，PC

DMIS程序将使扫描路径自动避开CAD曲面模型中的孔。按用户定义表面剖切CAD的方法为：进入"边界点"选项后进入"CAD元素选择"框，选择表面；在不清除"CAD元素选择"框的情况下，选择"剖切CAD"选项，此时PC DMIS程序将切割所选表面寻找孔。若CAD曲面模型中无定义孔，就没有必要选"剖切CAD"选项，此时PC DMIS将按定义的起始、终止边界点进行扫描。对于有多个曲面的复杂CAD图形，可对不同曲面分组剖切，将剖切限制在局部CAD曲面模型上。

5. 边界扫描

边界扫描(Perimeter Scan)方式仅适用于有CAD曲面模型的工件。该扫描方式采用CAD数学模型计算扫描路径，该路径与边界或外轮廓偏置一定距离(由用户选定)。创建边界扫描时，首先选定"边界扫描"选项；若为内边界扫描，则在对话框中选择"内边界扫描"；选择工作曲面时，启动"选择"复选框，每选一个曲面则加亮一个，选定所有期望曲面后，退出复选框；点击表面确定扫描起始点，并在同一表面上点击确定扫描方向点；点击表面确定扫描终止点，若不给出终止点，则起始点即为终止点；在"扫描构造"编辑框内输入相应值(包括"增值""CAD公差"等)，选择"计算边界"选项，计算扫描边界；确认偏差值正确后，按"产生测点"按钮，PC DMIS程序将自动计算执行扫描的理论值，然后点击"创建"。

4.1.5 日常维护

三坐标测量机是一种集光、机、电、计算机为一体的高精度、高效率的多功能精密设备。如果维护及保养做得好，就能延长机器使用寿命，提高设备的精度，降低故障率。

(1) 三坐标测量机对环境要求比较严格，应按合同要求严格控制温度及湿度。

(2) 三坐标测量机的导轨加工精度很高，与空气轴承的间隙很小。如果导轨上面有灰尘或其他杂质，就容易造成气浮轴承和导轨划伤。因此每次开机前应清洁机器的导轨，金属导轨用航空汽油擦拭(120或180号汽油)，花岗岩导轨用无水乙醇擦拭。

(3) 切记在保养过程中不能给任何导轨上任何性质的油脂。

(4) 定期给光杆、丝杆、齿条上少量防锈油。

(5) 长时间没有使用三坐标测量机时，在开机前应做好准备工作：控制室内的温度和湿度(24小时以上)；在南方湿润的环境中还应该定期把电控柜打开，使电路板也得到充分的干燥；避免电控系统由于受潮后突然加电后损坏。

(6) 开机前检查电源，如有条件应配置稳压电源；定期检查接地，接地电阻小于4 Ω。

(7) 被测零件在放到工作台上检测之前，应先清洗去毛刺，防止在加工完成后零件表面残留的冷却液及加工残留物影响测量机的测量精度及测尖的使用寿命。

(8) 大型及重型零件在放置到工作台上的过程中应轻放，以避免造成剧烈碰撞，致使工作台或零件损伤；必要时可以在工作台上放置一块厚橡胶以防止碰撞。

(9) 小型及轻型零件放到工作台后，应紧固后再进行测量，否则会影响测量精度。

(10) 在工作过程中，测座在转动时(特别是带有加长杆的情况下)一定要远离零件，以避免碰撞。

(11) 工作完成后要清洁工作台，关闭总气源。

4.2　光学影像测量仪

4.2.1　光学影像测量仪的定义

光学影像测量仪是集光学、机械、电子、计算机图像处理技术于一体的高精度、高效率、高可靠性的测量仪器。其工作原理是：由光学放大系统对被测物体进行放大，经过CCD摄像系统采集影像特征并送入计算机后，可高效地检测各种复杂精密零部件的轮廓和表面形状尺寸、角度及位置，进行微观检测与质量控制。

4.2.2　光学影像测量仪的分类

1. 手摇影像测量仪

手摇影像测量仪是建立在CCD数位影像的基础上，依托于计算机屏幕测量技术和空间几何运算的强大软件能力而产生的。该仪器适用于以二维平面测量为目的的一切应用领域，其测量功能包括：多点测量点、线、圆、孤、椭圆、矩形，提高测量精度；构造中心点、交点、线构造、圆构造、距离、角度等。图 4－4 是用摇杆实现取点量测的量测仪，具体参数如下：

名称：手摇影像量测仪(OMM)

品牌：OGP

型号：SMARTSCOPE ZIP 250

软件：Measure Mind 3D Multi Sensor

放大倍率：光学倍率(放大倍率 73.5X～393X)

量测行程：250(X 轴)×150 (Y 轴) ×200(Z 轴) mm

XYZ 轴精度：$x/y(1.8+6L/1000)\mu$m，$z(3.5+5L/1000)\mu$m

重复精度：2 μm

基座：高精度花岗石平台

承载重量：12 kg

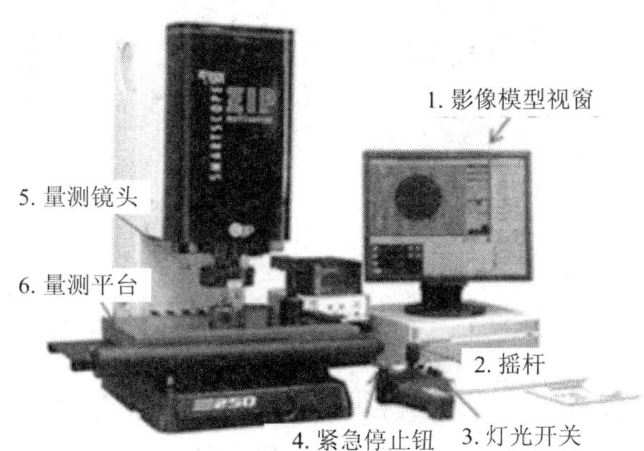

图 4－4　摇杆取点量测的量测仪

2. 数字化影像测量仪

数字化影像测量仪是建立在CCD数位影像的基础上，依托于计算机屏幕测量技术和空间几何运算的强大软件能力而产生的。它将各种功能彻底集成，是真正义上的现代精密仪器，具备无级变速、柔和运动、点哪走哪、电子锁定、同步读数等基本能力。也就是说鼠标移动找到你所想要测定的 *A*、*B* 两点后，电脑就可帮你计算测量出结果，并显示图形供校验，且图影同步。即使是初学者，测量两点之间的距离也只需数秒钟。该仪器适用于以二维平面测量为目的的一切应用领域，其测量功能包括：多点测量点、线、圆、孤、椭圆、矩形，提高测量精度；构造中心点、交点、线构造、圆构造、距离、角度等。图 4－5 是用鼠标实现取点量测的量测仪，具体参数如下：

名称：数字化影像量测仪(OMM)

品牌：Micro Vu

型号：VERTEX 320

软件：InSpec 超强量测软件

放大倍率：光学倍率(放大倍率 24X～241X)

量测行程：300(*X* 轴)×300 (*Y* 轴) ×100 (*Z* 轴) mm

XYZ 轴精：$x/y(2.6+L/175)\mu m$，$z(3.0+L/150)\mu m$

重复精度：2 μm

基座：高精度花岗石平台

承载重量：12 kg

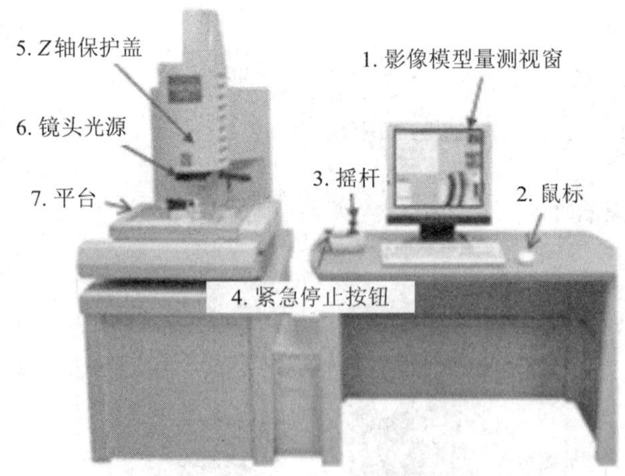

图 4－5　鼠标实现取点量测的量测仪

4.2.3　使用方法

每一种仪器的操作都有一定的顺序规程。作为基础的精密测量仪器，光学影像测量仪也不例外。在影像测量仪的组成部件中，镜头是其中极为重要的一个部分。通过镜头的观察，可以完成光学影像仪的测量任务。

镜头可以决定光学元影像仪最终的测量结果，为光学影像仪的精密测量提供精度的保证。镜头在光学元影像测量仪的操作中，也有着一定的操作顺序，这样才能让它更好地工作。一般情况下，镜头在影像测量仪中的运作顺序是：

(1) 目镜调焦：将望远镜对向明亮的背景，转动目镜调焦螺旋，使十字丝清晰。

(2) 影像测量仪粗瞄目标：松开望远镜水平、竖直制动螺旋，通过望远镜上的粗瞄器对准目标，然后拧紧制动螺旋。

(3) 物镜调焦：转动望远镜物镜调焦螺旋，使目标成像清晰。注意消除视差现象。

(4) 准确瞄准目标：转动水平微动及竖直微动螺旋，使十字丝竖丝与目标成像单线平分或双丝夹准，并且使十字丝交点部分对准目标的底部。

4.2.4 注意事项

光学影像测量仪是一种精密电子产品，它集机械、液晶或 DMD、电子电路技术于一体，因此在使用中要从以下几个方面加以注意：

(1) 严防强烈的冲撞、挤压和震动。

强震能造成液晶片的位移，影响放映时三片 LCD 的会聚，出现 RGB 颜色不重合的现象；同时光学系统中的透镜、反射镜也会产生变形或损坏，影响图像投影效果；变焦镜头在冲击下会使轨道损坏，造成镜头卡死，甚至镜头破裂无法使用。

(2) 严禁带电插拔电缆，信号源与投影机电源最好同时接地。

这是由于当投影机与信号源(如 PC 机)连接的是不同电源时，两零线之间可能存在较高的电位差。当用户带电插拔信号线或其他电路时，会在插头和插座之间发生打火现象，损坏信号输入电路，由此造成严重后果。

4.2.5 日常维护

仪器的维护是操作人员在使用仪器的过程中必须掌握的知识。影像测量仪作为精密的检测仪器，尤其需要我们在操作过程中加以重视。只有这样，才能更好地保证影像仪的测量精度。在对影像测量仪维护的过程中，可通过以下几种方法来达到我们的目的：

(1) 仪器应放在清洁干燥的室内(室温 20℃±5℃，湿度低于 60%)，避免光学零件表面污损、金属零件生锈、尘埃杂物落入运动导轨，影响仪器性能。

(2) 仪器使用完毕，工作面应随时擦拭干净，最好再罩上防尘套。

(3) 仪器的传动机构及运动导轨应定期上润滑油，使机构运动顺畅，保持良好的使用状态。

(4) 工作台玻璃及油漆表面脏了，可以用中性清洁剂与清水擦拭干净。绝不能用有机溶剂擦拭油漆表面，否则会使油漆表面失去光泽。

(5) 仪器 LED 光源使用寿命很长，但当有灯泡烧坏时，请通知厂商或由专业人员进行更换。

(6) 仪器精密部件，如影像系统、工作台、光学尺以及 Z 轴传动机构等均需精密调校。所有调节螺丝与紧固螺丝均已固定，客户请勿自行拆卸，如有问题请通知厂商解决。

(7) 软件已对工作台与光学尺的误差进行了精确补偿，请勿自行更改，否则会产生错误的测量结果。

(8) 仪器上所有电气接插件一般不要拔下。如已拔掉，则必须按标记正确插回并拧紧螺丝。不正确的接插轻则影响仪器功能，重则可能损坏系统。

4.3 全尺寸检测

4.3.1 全尺寸检测的定义

全尺寸检验(CAV，Computer Aided Verification)是指在产品质量控制过程中，对所有设计记录上标示的产品尺寸进行的测量，也叫全局检测，特别适合自由曲面多、产品结构复杂的零部件的三维检测。它以非接触三维扫描方式工作，采用国际上先进的蓝光扫描技术，创建物体几何表面的点云(Point Cloud)，并结合先进 3D 扫描仪与软体分析技术。使用 3D 扫描技术时，先对待检部件进行局部或全方位整体扫描，把得到的 3D 点云与其 CAD 设计图纸进行比对，生成颜色误差编码图和直观的检测报告。图 4-6 为 CAV 全尺寸检测仪，具体参数如下：

名称：CAV

品牌：GOM

型号：ATOS Ⅲ Triple Scan

软件：GOM Inspect Professional

放大倍率：1∶1

量测范围：MV60 (60 × 45 × 40)

MV170 (170 × 130 × 130)

MV320 (320 × 240 × 240)

基座：高精度花岗石平台

承载重量：12 kg

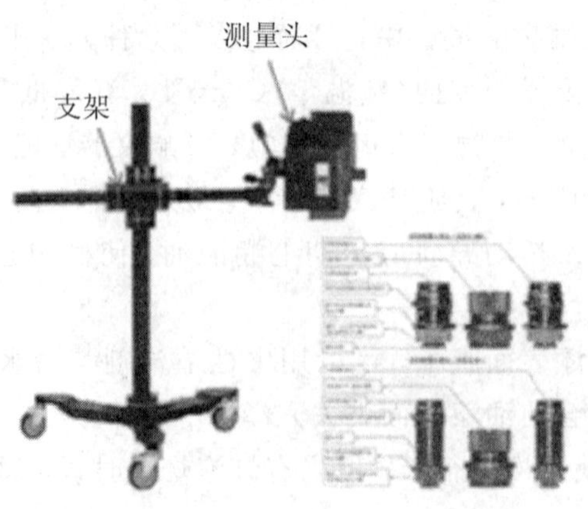

图 4-6 CAV 全尺寸检测仪

4.3.2　工作原理

CAV全尺寸检测方法的关键是使用高精度三维扫描与专业的三维检测软件。工作时，按控制计划的规定，对每一种产品进行全尺寸检验和功能验证。

全尺寸检测可最大限度地减少误差，节省时间，直接对CAD数据进行测量，降低人为误差，加快检测过程。专业的检测软件能够记录所有的操作步骤和参数，且软件会自动重复整个检测过程。在对多部件进行检测时，能做到与对单个部件检测一样地简易。只要修改检测程序中任何一步，检测软件都将自动更新所有相关的步骤。

4.4　白光干涉仪

4.4.1　白光干涉仪的定义

干涉仪(White Light Interferometers，WLI)是一种对光在两个不同表面反射后形成的干涉条纹进行分析的仪器。图4-7为白光干涉仪，具体参数如下：

名称：白光干涉仪

品牌：KLA TEHCOR

型号：MicroXAM-100

软件：MicroXAM

分辨率：0.1nm

放大倍率：(5，10，20)×镜头

10×量测行程：469(X)×469(Y)×250(Z)μm

基座：气浮平台

承载重量：3 kg

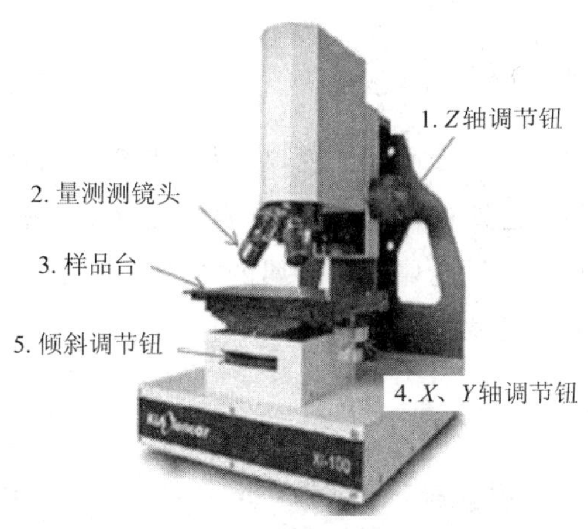

图4-7　白光干涉仪

4.4.2 工作原理

白光干涉仪通过不同光学组件形成参考光路和检测光路，将来自一个光源的两个光束完全分开，各自经过不同的光程；然后再经过合并，对显示出来的干涉条纹进行分析；两束相干光之间光程差的任何变化会非常灵敏地导致干涉条纹的移动；通过干涉条纹的移动变化可测量几何长度或折射率的微小改变量，从而测得与此有关的其他物理量。仪器的测量精度决定于测量光程差的精度，干涉条纹每移动一个条纹间距，光程差就改变一个波长(约 10^{-7} m)。所以干涉仪是以光波波长为单位测量光程差的，其测量精度非常高。

4.4.3 日常维护

白光干涉仪是测量精度达到纳米级的设备，目前世界上没有几家能够研发生产。它对生产试验环境都有很高的要求，而且设备有许多高精度的核心部件。这样的设备，无论硬件还是软件，维修难度都非常高。所以，要保证设备的精度，在日常使用中要注意以下事项：

(1) 仪器应妥善地放在干燥、清洁的房间内，防止振动。仪器搬动时，应托住底座，以防导轨变形。

(2) 光学零件不用时，应存放在清洁的干燥盆内，以防止发霉。

(3) 反光镜、分光镜一般不允许擦拭。必须擦拭时，须先用备件毛刷小心掸去灰尘，再用脱脂清洁棉花球滴上酒精和乙醚混合液轻拭。

(4) 经过精密调整的仪器部件上的螺丝都涂有红漆，不要擅自转动。

4.5 表面粗糙度量测仪

4.5.1 表面粗糙度量测仪的定义

粗糙度仪又叫表面粗糙度仪、表面光洁度仪、表面粗糙度检测仪、表面粗糙度量测仪、粗糙度计、粗糙度测试仪等，它具有测量精度高，测量范围宽，操作简便，便于携带，工作稳定等特点，可以广泛应用于各种金属与非金属的加工表面的检测。该仪器是传感器主机一体化的袖珍式仪器，具有手持式特点，更适宜在生产现场使用。

4.5.2 工作原理

表面粗糙度测量仪主要由传感器、驱动器、指零表、记录器和电感传感器组成。当触针直接在工件被测表面上轻轻划过时，由于被测表面轮廓峰谷起伏，触针将在垂直于被测轮廓表面的方向上产生上下移动，并通过电子装置把这种移动信号加以放大，然后通过指零表或其他输出装置将有关粗糙度的数据或图形输出。

接触式表面粗糙度量测仪器为接触式的 3D 物体表面检测仪，适用于 JIS1982/ JIS1994/ JIS2001/ ISO1997/ ANSI/ VDA 等多种标准，评价参数包括轮廓算术平均偏差 Ra、轮廓均方根偏差 Rq、微观不平度十点高度 Rz、轮廓最大高度 Ry 等 11 个参数。

4.5.3　使用方法

图 4－8 为接触式表面粗糙度仪，具体参数如下：

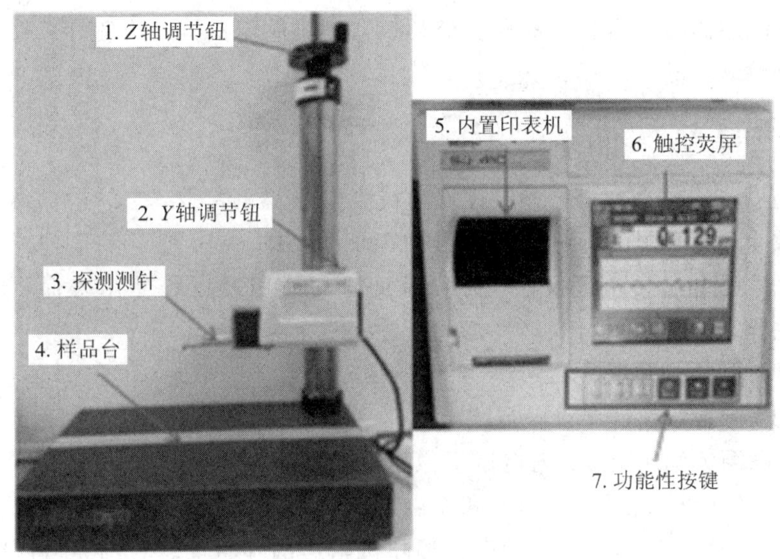

图 4－8　接触式表面粗糙度仪

名称：接触式表面粗糙度仪

品牌：Mitutoyo

型号：SJ－410.178－039

尺寸：400×250×578 mm

分辨率：测量范围/最小分辨率

800 μm/0.01 μm

80 μm/0.001 μm

8 μm/0.0001 μm

行程：25 mm

基座：大理石平台

承载量：20 kg

该表面粗糙度仪的使用方法为：

(1) 启动电脑。

(2) 检查各连接部位是否有异常，特别是传感器连接处。

(3) 用标准测块校准传感器测头，直至符合标准块示值。

(4) 传感器分标准传感器和曲面传感器。

(5) 标准传感器主要测量平面、圆柱面、大孔、深孔等。

(6) 曲面传感器主要测量小曲面、凹槽、齿轮、盲孔等。

(7) 曲面测量必须对准中心高点。

(8) 截止波长根据粗糙度要求合理选择：

Ra 0.02～0.1(μm)　　选择 λB0.25(μm)

Ra 0.1～2.0(μm)　　选择 λB0.8(μm)

Ra 0.1～10.0(μm)　　选择 λB2.5(μm)

(9) 更换传感器或传感器位置发生变动后，必须重新执行校准程序，否则直接影响测量数据的准确性。

4.5.4 日常维护

表面粗糙度测量仪是加工中检测零件粗糙度的重要测量仪，它的检测结果影响着零件使用质量和效果，在使用中要注意以下几个方面的维护：

(1) 表面粗糙度仪为精密仪器，为确保良好的使用及延长使用寿命，环境温度应在19℃～21℃之间，湿度在50%～60%之间。

(2) 使用环境要求无尘，无震动，无强磁场。

(3) 避免太阳直照及仪器对着空调出风口。

(4) 供给电源为稳压电源；若电压不稳定，须加稳压装置。必须接地线。

(5) 使用乙醇(或95%以上酒精)和无尘布清洁此机。

(6) 导轨应每个月点检，若无油应添加随机附送的导轨油。若用完可用"MOBIL 2#"(美孚2号)代替。

(7) 标准片为精密校正片，不能用酒精及其他清洗液清洁，如有脏物吹风泵吹掉即可。

(8) 感应头为精密部分，应避免撞击。如果被测工件有凹槽或有台阶应远离，以免弄断探针。

(9) 长时间使用(一星期)应校正标准片，并定期检查探针是否有磨损。

(10) 为确保仪器的正常使用和良好精度，每年应请供应商作一次仪器检查。

4.6 色差仪

4.6.1 色差仪的定义

色差仪是用来检测颜色的仪器。它通过测试值来确定样品的色差是否符合要求，可以减小人眼观测的不确定性，适合企业内、外部色彩评价和数据管控，广泛应用于塑胶、印刷、油漆油墨、纺织、印染服装等行业的颜色管理领域。图4-9所示为色差仪，具体参数如下：

名称：色差仪

品牌：Gretag Macbeth

型号：Color-Eye-7000A

软件：COLORI CONTROL/Color icontrol

光谱范围：360 nm～700 nm

分辨率：0.01%

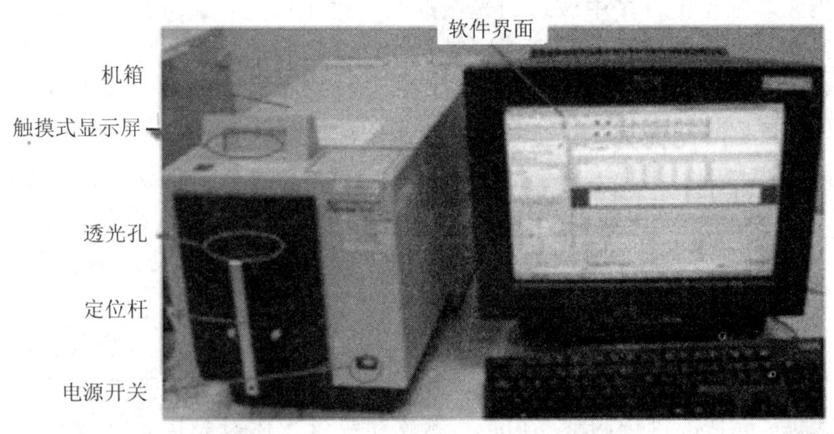

图 4－9　色差仪

4.6.2　色差仪的分类

根据色差仪的外观形状可分为以下三类：

1. 手持式色差仪

手持式色差仪能直接读取色差数据，一般不能连电脑，且不带软件；使用方便，价格便宜，但精度较低，在颜色管理的一般领域使用广泛。

2. 便携式色差仪

便携式色差仪又称便携式分光测色仪，除能直接读取数据外，还能连电脑，带软件；体积较小，便于携带，精度较高，价格适中。

3. 台式色差仪

台式色差仪又称台式分光测色配色仪，一般无读数显示，连电脑时使用测色、配色软件，具有高精度的测色和配色功能，体积较大，性能稳定，价格较高。

4.6.3　工作原理

色差仪整个系统的工作原理就是在模拟眼睛观看颜色的过程，然后经过处理与分析，最终给出数字形式的数值。

人体眼睛通过视网膜结构来分辨物体细节，这一功能与视网膜上感光单元的分布有关。所以人们在不同位置看同一个物体时，差别可能会很大。色差仪的观察角度和测量角度是固定的，目的就是为了消除位置差异引起的色差偏差。

网膜中央靠近光轴的区域(称为黄斑，直径约为 1.5 mm)分辨能力最高。该区域能分辨的最近两点对眼睛的张角，称为最小分辨角。人眼水平方向的视场角约为 160°，垂直方向约为 130°，但实际上只有中央视角中 6°～7°小范围内才能较清楚地看到物体的细节。色差仪也是根据人眼的这个特点设计的，最大的观察视角只有 10°，最小 2°。

眼睛的分辨能力与照明环境有很大的关系，在夜间照明条件比较差的时候，眼睛的分辨率能力大大下降。色差仪根据这种情况内置标准照明光源，为测量提供稳定的光源，使其不受照明环境的影响。

正常人眼一次可以分辨多种颜色。单波长的色光非常鲜艳，人们称为纯色。然而，实际看到的色光大多数是由许多中波长的光组成的，比如日光，是由从红到蓝的连续光谱组成的。人眼对颜色的感觉是光辐射到视网膜上的锥体细胞作用的结果。由于锥体细胞分布不同，因此不同区域对颜色的感受能力也不同。视网膜中央能分辨各种颜色，由中央向外围部分过渡，对颜色的分辨能力逐渐减弱，最后对颜色的感觉消失。

人眼对颜色变化的辨识能力根据光谱中的不同位置而不同，能辨识颜色的最小变化就是颜色辨识的灵敏阀。最灵敏处为 480 nm(青)及 600 nm(橙黄)附近，最不灵敏处为 540 nm(绿)及光谱两端。灵敏处只要波长改变 1 nm，人眼就能感受到颜色的变化，而非灵敏处要改变 1～2 nm 才行。

理想的、完全反射的物体的反射率为 100%，我们称它为纯白；理想的、完全吸收的物体的反射率为零，我们称它为纯黑。色差仪在研发过程中使用理想完全发射和理想完全吸收原理，并根据实际情况进行调整。白色、黑色和灰色物体对光谱各个波长的反射和吸收是没有选择性的，我们称它们为中性色。对光来说，非彩色的黑白变化相当于白光的亮度变化，即当白光的亮度非常高时，人眼就感觉到是白色的；当光的亮度较低时，就感觉到发暗或发灰，无光时就是黑色的。

分析眼睛观看颜色的过程其实就是在分析色差仪的工作原理，但是色差仪能排除光环境和人情绪变化的影响，因此是可靠的颜色检测精密仪器。

4.6.4 使用方法

色差仪的使用方法如下：

(1) 取下镜头保护盖。

(2) 打开电源(POWER)至开(ON)的位置。

(3) 按一下样品目标键 TARGET，此时显示 TargetLab。

(4) 将镜头口对正样品的被测部位，按一下录入工作键，等“嘀”的一声响后才能移开镜头，此时显示该样品的绝对值：Target$L$ **.* a +－ **.* b +－ **.*。

(5) 再将镜头对准需检测物品的被测部位，重复第(4)点的测试工作，此时显示该被检物品与样品的色差值：dL **.* da +－ **.* db +－ **.*。

(6) 根据前面所述的工作原理，由 dL、da、db 判断两者之间的色差大小和偏色方向。

(7) 重复第(6)、(7)点可以重复检测其他被检物品与第(4)点样品的颜色差异。

(8) 若要重新取样，需按一下 TARGET，再由(4)点开始即可。

(9) 测试完后，盖好镜头保护盖，关闭电源。

4.6.5 日常维护

色差仪是模拟人眼进行色差测量的高精密仪器，其零部件的任何细节的损害都会造成其精度的失准。因此，了解仪器的保养知识对于保持仪器的高精度和更长的使用周期是非常有益的。

(1) 检测产品之前一定要核对当前色差仪所使用的标准色值是否与要检测的产品要求

一致。如果不一致须重新选择，设定完成后须进行核对，以确保检测的准确性。

(2) 精密仪器使用时要轻拿轻放，严禁其他物体的撞击，否则会造成仪器失准或损坏，导致无法使用。

(3) 始终使用提供的 AC 适配器或备选的 AC 适配器作为标准的附件，并将其连接到符合额定电压和频率的交流插座上，否则可能会导致仪器损坏或火灾电击。仪器不能放在湿度高的地方，也不可强光直射。

(4) 白色校正板要保持清洁，校正时使用中心区域。

4.7　其他常用量具

4.7.1　量块

量块是一种平行平面的高精度量具，又称块规。它是保证长度量值统一的重要常用实物量具。绝大多数量块都是直角平行六面体，也有制成 ϕ20 的圆柱体。每块量块都有两个表面非常光洁、平面度精度很高的平行平面，称为量块的测量面(或称工作面)。量块实物如图 4－10 所示。

图 4－10　量块

量块按其制造精度分为五个“级”，即 00、0、1、2 和 3 级。00 级精度最高，3 级最低。分级的依据是量块长度的极限偏差和长度变动量的允许值。量块生产企业大都按“级”向市场销售量块，此时用户只能按量块的标称尺寸使用量块，这样必然受到量块中心长度实际偏差的影响，将制造误差带入测量结果。在量值传递工作中，为了消除量块制造误差对测量的影响，常常按量块检定后得到的实际尺寸使用。各种不同精度的检定方法可以得到具有不同测量不确定度的量块，并依此划分量块的等别。检定后的量块可得到每个量块的中心长度的实际偏差，显然同一套量块若按“等”使用可以得到更高的测量精度(较小的测量不确定度)。但由于按“等”使用比较麻烦，且检定成本高，故在生产现场仍按“级”使用。单个量块使用很不方便，故一般都按序列将许多不同标称尺寸的量块成套配置，根据需要选择多个适当的量块研合起来使用。通常，组成所需尺寸的量块总数不应超过四块。例如，为组成 89.765 mm 的尺寸，可由成套的量块中选出 1.005、1.26、7.5、80 mm 四块。

量块在使用过程中应注意：

(1) 量块必须在使用有效期内，否则应及时送专业部门检定。

(2) 所选量块应先放入航空汽油中清洗，并用洁净绸布将其擦干，待量块温度与环境温度相同后方可使用。

(3) 保证使用环境良好，防止各种腐蚀性物质对量块的腐蚀，以及因工作面上的灰尘划伤工作面，影响其研合性。

(4) 轻拿、轻放量块，杜绝磕碰、跌落等情况的发生。

(5) 不得用手直接接触量块，以免汗液对量块造成腐蚀及手温对测量精确度造成影响。

(6) 使用完毕后，应先用航空汽油清洗量块，擦干后涂上防锈脂放入专用盒内妥善保管。

4.7.2 卡尺

1. 游标卡尺

1) 游标卡尺简介

游标卡尺是一种测量长度、内外径、深度的量具。游标卡尺由主尺和附在主尺上能滑动的游标两部分构成。主尺一般以 mm 为单位，而游标上则有 10、20 或 50 个分格。根据分格的不同，游标卡尺可分为十分度游标卡尺、二十分度游标卡尺、五十分度格游标卡尺等。游标卡尺如图 4 - 11 所示。

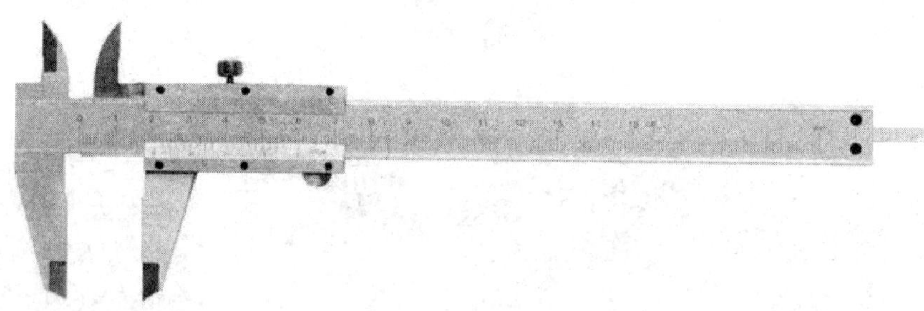

图 4 - 11 游标卡尺

游标卡尺是工业上常用的测量长度的仪器。从背面看，游标是一个整体。游标与尺身之间有一弹簧片，利用弹簧片的弹力使游标与尺身靠紧。游标上部有一紧固螺钉，可将游标固定在尺身上的任意位置。尺身和游标都有量爪，利用内测量爪可以测量槽的宽度和管的内径，利用外测量爪可以测量零件的厚度和管的外径。深度尺与游标尺连在一起，可以测槽和筒的深度。

2) 游标卡尺的测量原理

尺身和游标尺上面都有刻度。以准确到 0.1 mm 的游标卡尺为例，尺身上的最小分度是 1 mm。游标尺上有 10 个小的等分刻度，总长 9 mm，每一分度为 0.9 mm，比主尺上的最小分度相差 0.1 mm。量爪并拢时尺身和游标的零刻度线对齐，它们的第一条刻度线相差 0.1 mm，第二条刻度线相差 0.2 mm，依此类推，第 10 条刻度线相差 1 mm，即游标的第 10 条刻度线恰好与主尺的 9 mm 刻度线对齐。

当量爪间所量物体的长度为 0.1 mm 时，游标尺应向右移动 0.1 mm，这时它的第一条刻度线恰好与尺身的 1 mm 刻度线对齐。同样当游标的第五条刻度线跟尺身的 5 mm 刻度线对齐时，说明两量爪之间有 0.5 mm 的宽度。依此类推。

3）游标卡尺的使用方法

使用卡尺时用软布将量爪擦干净，使其并拢，并查看游标和主尺身的零刻度线是否对齐，如果对齐就可以进行测量，如没有对齐则要记取零误差。游标的零刻度线在尺身零刻度线右侧的叫正零误差，在尺身零刻度线左侧的叫负零误差(这种规定方法与数轴的规定一致，原点以右为正，原点以左为负)。

测量时，右手拿住尺身，大拇指移动游标，左手拿待测外径(或内径)的物体，使待测物位于外测量爪之间。当与量爪紧紧相贴时，即可读数。

读数时首先以游标零刻度线为准在尺身上读取 mm 整数，即以 mm 为单位的整数部分。然后看游标上第几条刻度线与尺身的刻度线对齐，如第 6 条刻度线与尺身刻度线对齐，则小数部分即为 0.6 mm(若没有正好对齐的线，则取最接近对齐的线进行读数)。如有零误差，则一律用上述结果减去零误差(零误差为负，相当于加上相同大小的零误差)。

读数结果为：

$$L=\text{整数部分}+\text{小数部分}-\text{零误差}$$

判断游标上哪条刻度线与尺身刻度线对准，可用下述方法：选定相邻的三条线，如左侧的线在尺身对应线之右，右侧的线在尺身对应线之左，中间那条线便可以认为是对准了。

$$L=\text{对准前刻度}+\text{游标上第 } n \text{ 条刻度线与尺身的刻度线对齐} * (\text{乘以})\text{分度值}$$

如果需测量几次取平均值，不需每次都减去零误差，只要从最后结果减去零误差即可。

4）注意事项

测量时要轻拿轻放，不得碰撞或跌落地下。使用时不要用来测量粗糙的物体，以免损坏量爪，不用时应置于干燥地方防止锈蚀。测量时，应先拧松紧固螺钉，移动游标不能用力过猛。两量爪与待测物的接触不宜过紧，不能使被夹紧的物体在量爪内挪动。读数时，视线应与尺面垂直。如需固定读数，可用紧固螺钉将游标固定在尺身上，防止滑动。实际测量时，对同一长度应多测几次，取其平均值来消除偶然误差。

游标卡尺使用完毕，用棉纱擦拭干净。长期不用时应将它擦上黄油或机油，两量爪合拢并拧紧紧固螺钉，放入卡尺盒内盖好。

5）游标卡尺分类及使用方法

游标卡尺有 0.1 mm(游标尺上标有 10 个等分刻度)、0.05 mm(游标尺上标有 20 个等分刻度)、和 0.02 mm(游标尺上标有 50 个等分刻度)、0.01 mm(游标尺上标有 100 个等分刻度)4 种最小读数值。实际工作中常用精度为 0.05 mm 和 0.02 mm 的游标卡尺。它们的工作原理和使用方法与本教材介绍的精度为 0.1 mm 的游标卡尺相同。精度为 0.05 mm 的游标卡尺的游标上有 20 个等分刻度，总长为 19 mm。测量时如游标上第 11 根刻度线与主尺对齐，则小数部分的读数为 11/20 mm=0.55 mm；如第 12 根刻度线与主尺对齐，则小数部分读数为 12/20 mm=0.60 mm。

2. 数显卡尺

数显卡尺如图 4-12 所示。

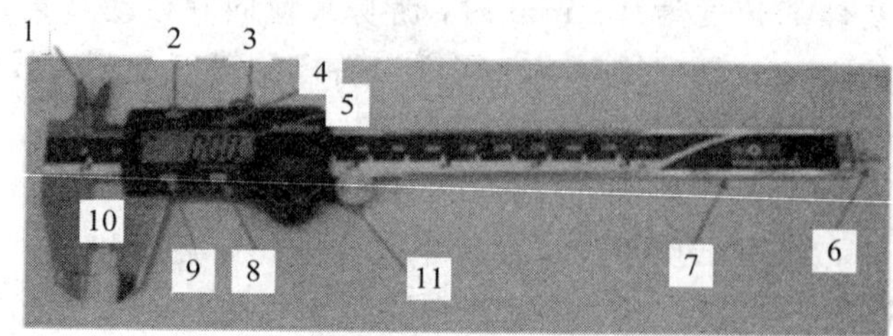

1—内测量面；2—公/英制转换；3—锁紧螺丝；4—原点开关(设置原点)；5—显示器；
6—深度测杆；7—本尺；8—归零开关；9—电源开关；10—外测量面；11—捏手

图 4-12 数显卡尺

数显卡尺操作事项如下：

(1) 打开电源开关(按 ON/OFF 键)。

(2) 将归零键归零(将捏手往内推，使外测测量面配合紧密)。读数如不为零，按 ZERO 键使其归零。

(3) 轻轻接触待测物，使其测量端平行于产品的测量面，用外测量面或内测量面测定工件大小。

(4) 计数计显示的数值就是待测物的实测值。

(5) 检查卡尺是否校正，校正日期是否过期，检查是否有生锈、变形等现象。

(6) 测量前要将卡尺的测量面用软布擦干净，卡尺的两个量测面合拢后应密不透光。如漏光严重，需进行修理。

(7) 量测面合拢后，游标零线应与尺身零线对齐。如对不齐，就存在零位偏差，一般不能使用。如果在使用中，需加校正值。

(8) 不能把卡尺的两个面当扳手或画线工具用。不准用卡尺代替卡钳、卡板等在被测件上推拉，以免磨损卡尺，影响测量精度。

(9) 测量结束时，要把卡尺平放，特别是大尺寸卡尺，否则易引起尺身弯曲变形。不可用砂布或普通磨料来擦除刻度尺表面及量爪测量面上的锈迹和污物，用完后应平放在盒中，并且要定期作保养。

4.7.3 千分尺

千分尺是应用螺旋副传动原理，将回转运动变为直线运动的一种量具，又称螺旋测微器、螺旋测微仪、分厘卡，是比游标卡尺更精密的长度测量工具，用它测长度可以准确到 0.01 mm，测量范围为几个厘米。它的一部分加工成螺距为 0.5 mm 的螺纹。螺杆在固定套管的螺套中转动时，将会前进或后退。活动套管和螺杆连成一体，其周边等分成 50 个分格。螺杆转动的整圈数由固定套管上间隔 0.5 mm 的刻线测量，不足一圈的部分由活动套管周边的刻线测量，最终测量结果需要估读一位小数。图 4-13 为千分尺实物图。

千分尺进行测量时，其读数步骤为以下四步：

(1) 读整数：微分筒端面是读整数值的基准。读整数时，看微分筒端面左边固定套筒上露出的刻线的数值，该数值就是整数值。

(2) 读小数：固定套筒上的基线是读小数的基准。读小数时，看微分筒上是哪一根刻线与基线重合，如果固定套筒上的 0.5 mm 刻线没露出来，那么微分筒上与基线重合的那根线的数值即是所求的小数；如果 0.5 mm 刻线已露出来，那么从微分筒上读得的数还要加上 0.5 mm 后才是小数部分的数值。

(3) 读微分：筒上没有任何一根刻线与基线恰好重合时，应该估读到小数点第三位数。将(1)、(2)两次读数值相加，就是被测件的整个读数值，即测量值=主轴刻度+副轴刻度。

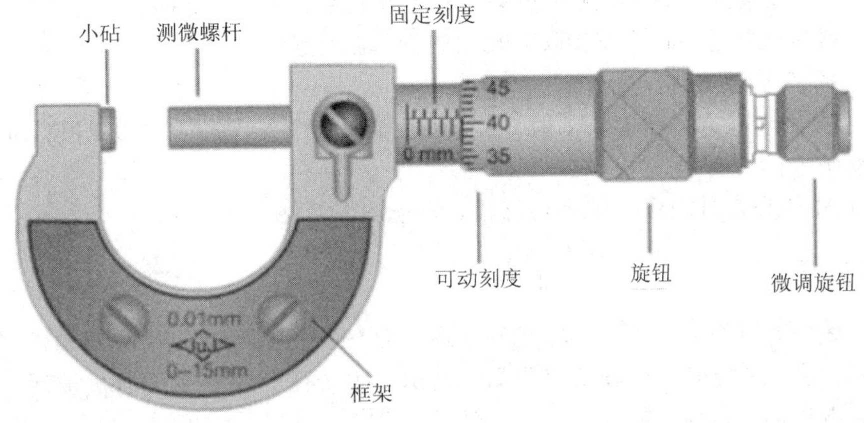

图 4-13　千分尺

4.7.4　高度计

如图 4-14 所示，高度计常用来测量产品的高度、深度等。它由带立柱的大理石平台和千分表组成，广泛适用于精密工件检测、多点检测、测量设备监测和位置测量等众多领域。高度计采用高精度光栅作为测量基准，选用玻璃基体的增量式光栅尺，所以测量范围较大，对震动和冲击不敏感。

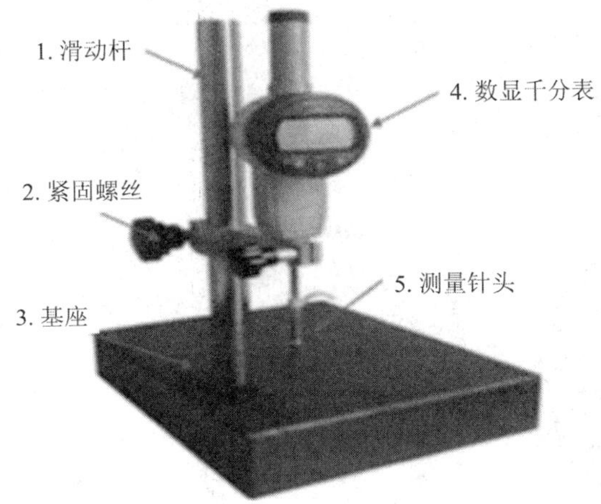

图 4-14　高度计

高度计操作注意事项如下：

(1) 用丙酮或酒精乙醚混合液擦净大理石平台。

(2) 检查测量头是否松动，要保证测量头和表杆结合紧密、无松动。

(3) 打开千分表电源开关。

(4) 根据需要的量程调节千分表高度，使测量表头接触到大理石平台表面并固紧千分表表体。

(5) 按校零按钮，使千分表显示读数为零。

(6) 将被测零件与大理石平台接触的面和被测面擦拭干净。

(7) 测量零件完成后，关闭千分表电源开关。

(8) 将千分表位置调高，使测量表头离开大理石平台表面，并固紧千分表体。

(9) 长期不使用时要将千分表取下装入表盒单独保管。

(10) 大理石平台随时保持清洁。

(11) 当被测零件有光洁度要求时，大理石平台表面一定要贴一层透明胶，防止大理石平台表面擦伤零件表面。

(12) 取放千分表时动作一定小心轻柔，防止擦伤零件表面。

4.7.5 环规

环规也称校正环规或量规是用于校正量具不足的一种具有特定尺寸及属性的圆环。环规不能指示量值，只能根据与被测件的配合间隙、透光程度或者能否通过被测件等来判断被测长度合格与否。量规结构简单，通常是一些具有准确尺寸和形状的实体，例如圆锥体、圆柱体、块体平板、尺和螺纹件等。常用的量规有量块、角度量块、多面棱体、正弦规、直尺、平尺、平板、塞尺和平晶等。用量规检验工件通常有通止法、着色法、光隙法和指示表法。

1. 通止法

通止法是指利用量规的通端和止端来控制工件尺寸，使之不超出公差带。如测量孔径时，若光滑量规的通端通过而止端不通过，则孔径是合格的。利用通止法检验的量规也称极限量规，常见的极限量规还有螺纹塞规、螺纹环规和卡规等，如图 4－15 所示。

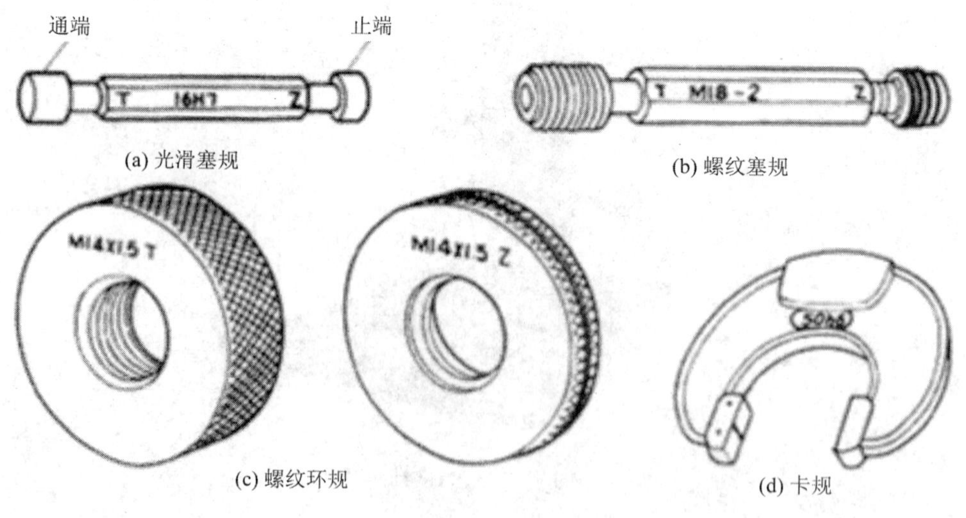

(a) 光滑塞规　(b) 螺纹塞规　(c) 螺纹环规　(d) 卡规

图 4－15　量规

2. 着色法

着色法是指在量规工作表面薄薄涂上一层适当的颜料(如普鲁士蓝或红丹粉)，然后用量规表面与被测表面研合，被测表面的着色面积大小和分布不均匀程度表示其误差。例如用圆锥量规检验机床主轴锥孔和用平尺检验机床导轨直线度等。

3. 光隙法

光隙法是指使被测表面与量规的测量面接触，后面放光源或采用自然光。当间隙小至一定程度时，由于光学衍射现象，透光会变成有色光，根据透光的颜色可判断间隙大小。间隙大小和不均匀程度即表示被测尺寸、形状或位置误差的大小。例如，用直尺检验直线度，用角尺和平板检验垂直度等。

4. 指示表法

指示表法是指利用量规的准确几何形状与被测几何形状比较，以百分表或测微仪等指示被测几何形状的误差。例如用平板和百分表等测量尺形工件的直线度，用正弦规、平板和测微仪测量角度等。

量规操作注意事项如下：

(1) 非量规检查目的请勿使用。

(2) 螺纹部及量规部的边角因为存在功能性尖锐部分，所以容易造成操作人员受伤，使用时请加以注意。

(3) 需要检查的产品或量规处于运动状态时，请勿进行检查操作。

(4) 使用前请用轻油或白灯油清洗量规及产品或以干净的布擦拭。

(5) 使用前确认量规是否存在锈迹、伤痕、毛刺等。

(6) 使用时以抗锈润滑油充分涂抹。

(7) 使用时请勿对量规施加冲击。

(8) 保管量规时应先去除灰尘、切屑等，以防止生锈。

(9) 将量规存放在无湿气且温度变化不大的场所。

(10) 无论使用情况如何，都应定期进行检查。

4.7.6　牙规

牙规是检测内外螺纹大小的标准测量工具，有螺纹塞规(栓规)及螺纹环规两种，分别用于测量螺纹的内(母)螺纹和外(公)螺纹。牙规也称为限界螺纹规、螺纹通止规、螺纹塞规、螺纹牙规。

一般同一个规格的螺纹塞规(栓规)有两件，可作为一套同时使用，分别是通规和止规。如图 4-16 所示，用检测通规试拧，如果不能拧进就不合格，此时就不必要再用止规了，因为它已经是不良品了。如果能够拧进，再用止规拧，如果止规不能拧进或只拧进一两个牙那就是合格。

螺纹环规也是两件作为一套使用，分别是通规和止规。使用通规前，先清理干净被测螺纹的油污及杂质，然后用拇指与食指转动通端与被测螺纹，使其在自由状态下旋合通过螺纹长度，判定是否合格。使用止规时，先清理干净被测螺纹上的油污及杂质，止端与被测螺纹对正后，用大拇指与食指转动止端和被测外螺纹，旋入螺纹长度在 2 个螺距之内为合格，旋入螺纹过多即为不良品。

注意：以上所说只适用于公制、美制、英制的普通机械连接螺纹及美英制非螺纹密封量规的使用方法，不适合锥度螺纹量规。锥度量规是以基准位置检测。

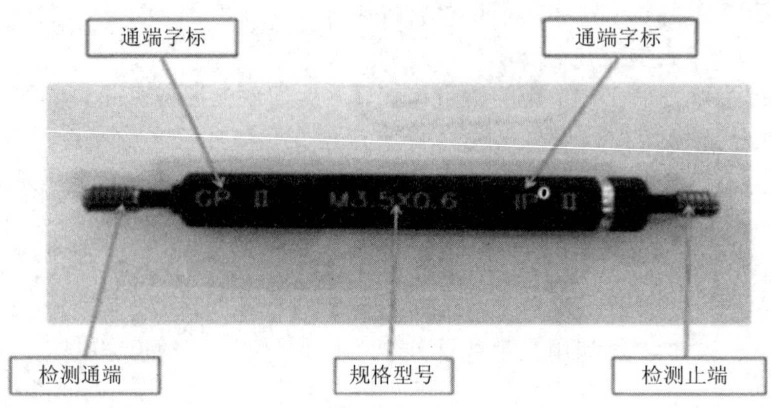

图 4-16　牙规

1. 使用方法

(1) 检测前先戴手套。

(2) 以大拇指及食指紧握住牙规握柄，另一手持待牙孔的产品。

(3) 先以牙规通端垂直放于牙孔上，然后以大拇指及食指轻轻地转动牙规将通端旋入牙孔中。

2. 牙孔的常见不良现象

(1) 牙紧：丝攻磨损或用错丝攻。

(2) 滑牙：重复攻牙或用错丝攻。

(3) 漏攻牙：产品未经过攻牙或丝攻断。

(4) 牙歪斜：人工攻牙时，工件定位不良。

3. 牙规的维护与保养

(1) 牙规使用完毕后，应及时清理干净测量部位的附着物。

(2) 生产现场在用牙规时，应轻拿轻放，以防止磕碰而损坏测量表面。

(3) 严禁将牙规作为切削工具强制旋入螺纹或挤出螺纹，避免造成早期磨损。

(4) 严禁非计量工作人员或操作人员随意使用牙规，以确保检测的准确性。

(5) 牙规长时间不用，应交计量管理部门或操作人员妥善保管。

(6) 在用牙规应在每个工作日用校对工具计量一次。校对后，如果牙规计量超出公差时由相关人员收回并作相应的处理措施，及时处理，不得流入生产现场。

4.7.7 高度规

如图 4-17 所示，高度规由量测主轴上的磁性物质与磁性正弦波感测计数器所组成。当感测计数器与测头同步移动时，可计算出因磁力线产生的正弦波的变化次数，并换算为高度值。

1. 平面度的简单测量

(1) 把工件被测面放在平板上，用目测法观察工件与平板之间缝隙的大小。

(2) 把工件被测面放在平板上用厚薄规(塞尺)进行测量。

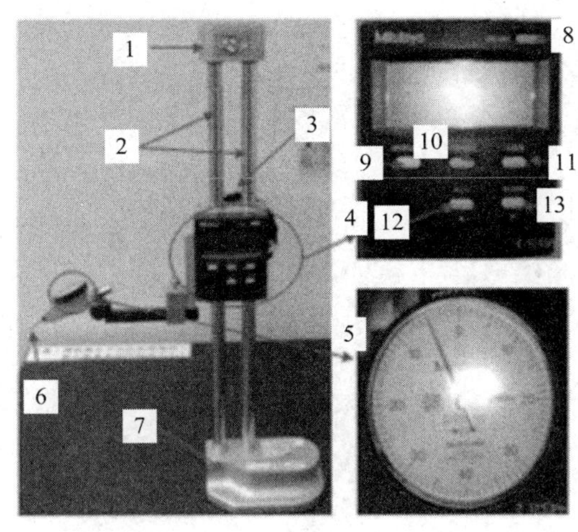

1—固定横梁；
2—圆柱支撑柱；
3—手柄；
4—计数计；
5—表盘；
6—测量针头；
7—底座；
8—开关键；
9—归零键；
10—设置键；
11—保持键；
12—方向键；
13—单位键

图 4－17　高度规

(3) 用三个千斤顶(可调支撑顶尖)把被测面朝上支撑好，用高度尺装上杠杆百分表(千分表)，校正好三个基准点后进行测量。

2. 平行度的简单测量

(1) 把工件基准面朝下放在平板上，用百分表(千分表)对到被测面并使指针偏摆过半圈左右，紧贴平板轻轻推动工件，从百分表(千分表)上读出指针变动量。

(2) 把工件基准面朝下放在平板上，用高度尺装上杠杆百分表(千分表) 对到被测面并使指针偏摆过半圈左右，紧贴平板轻轻推动高度尺，从杠杆百分表(千分表)上读出指针变动量。

3. 跳动或同轴度的简单测量

把轴类零件相同尺寸的部位(基准圆)放在一个或两个 V 型槽内，与带百分表或千分表的高度规一起放在平板上，把表头对准被测部位，慢慢转动零件，读出表上的指针变动量就可得到圆跳动或同轴度。

4.7.8　百分表

如图 4－18 所示，百分表是利用精密齿条齿轮机构制成的表式通用长度测量工具，常用于形状和位置误差以及小位移的长度测量。百分表的圆表盘上印制有 100 个等分刻度，每一分度值相当于量杆移动 0.01 mm。改变测头形状并配以相应的支架，可制成百分表的变形品种，如厚度百分表、深度百分表和内径百分表等。如用杠杆代替齿条可制成杠杆百分表和杠杆千分表，其示值范围较小，但灵敏度较高。此外，它们的测头可在一定角度内转动，能适应不同方向的测量，结构紧凑。改装后的百分表适用于测量普通百分表难以测量的外圆、小孔和沟槽等的形状和位置误差。

1. 百分表的读数方法

百分表是一种精度较高的比较量具，它既能测出相对数值，也能测出绝对数值，主要用于量测形状和位置误差，也可用于机床上安装工件时的精密找正。百分表的结构原理如图 4－18 所示。当测量杆 1 向上或向下移动 1 mm 时，通过齿轮传动系统带动大指针 5 转动一圈，小指针 7 转动一格。读数时，先读小指针转过的刻度线(即 mm 整数)，再读大指

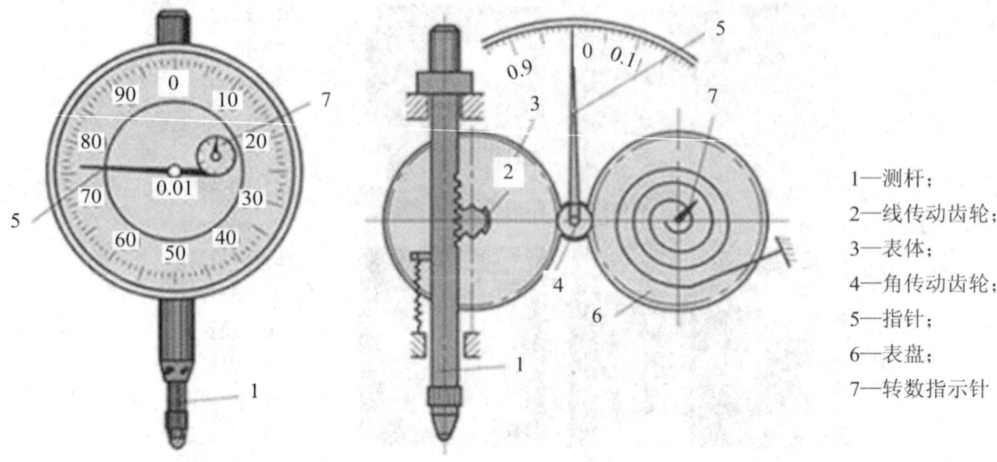

图 4-18 百分表

针转过的刻度线并估读一位(即小数部分)，并乘以 0.01，然后两者相加，即得到所测量的数值。

2. 百分表操作注意事项

(1) 使用前，应检查测量杆活动的灵活性，即轻轻推动测量杆时，测量杆在套筒内的移动要灵活，没有任何轧卡现象。每次手松开后，指针能回到原来的刻度位置。

(2) 使用时，必须把百分表固定在可靠的夹持架上。切不可贪图省事，随便夹在不稳固的地方，否则容易造成测量结果不准确，或摔坏百分表。

(3) 测量时，不要使测量杆的行程超过它的测量范围，不要使表头突然撞到工件上，也不要用百分表测量表面粗糙或有显著凹凸不平的工作。

(4) 测量平面时，百分表的测量杆要与平面垂直；测量圆柱形工件时，测量杆要与工件的中心线垂直，否则，将使测量杆活动不灵或测量结果不准确。

(5) 为方便读数，在测量前一般都让大指针指到刻度盘的零位。

3. 维护与保养

(1) 远离液体，冷却液、切削液、水或油不得与内径表接触。

(2) 不使用时要摘下百分表，使表解除所有负荷，测量杆处于自由状态。

(3) 百分表应成套保存于盒内，避免丢失与混用。

4.7.9 计量器具的选择原则

合理选择计量器具对保证产品质量、提高测量效率和降低费用具有重要意义。一般说来，器具的选择主要取决于被测工件的精度要求，在保证精度要求的前提下，也要考虑尺寸大小、结构形状、材料与被测表面的位置，同时也要考虑工件批量、生产方式和生产成本等因素。对批量大的工件，多用专用计量器具，对单件小批则多用通用计量器具。

本章小结

三坐标测量机(简称 CMM)是一种具有可作三个方向移动的接触式探测器，可在三个相互垂直的导轨上移动。使用时，将被测对象置于三坐标测量机的测量空间，即可得到被测对象上各测点的坐标位置。

三坐标测量机的结构由三个正交的直线运动轴构成，分别是装在工作台上的 X 向导轨系统、装在中央滑架内的 Z 向导轨系统和移动桥架横梁 Y 向导轨系统。

三坐标测量机的测量方式通常可分为接触式测量、非接触式测量和接触与非接触并用式测量。

光学影像测量仪是集光学、机械、电子、计算机图像处理技术于一体的高精度、高效率、高可靠性的测量仪器，分为手摇影像测量仪和数字化影像测量仪。

CAV 全尺寸检测的方案的关键点是高精度三维扫描与专业的三维检测软件。按控制计划的规定，对每一种产品进行全尺寸检验和功能验证。全尺寸检验是对设计记录上显示的所有产品尺寸进行完整的测量。

白光干涉仪是一种对光在两个不同表面反射后形成的干涉条纹进行分析的仪器。

色差仪用来检测颜色，通过测试值来确定样品的色差是否符合要求，可以减小人眼观测的不确定性，适合企业内、外部色彩评价和数据管控，广泛应用于塑胶、印刷、油漆油墨、纺织、印染服装等行业的颜色管理领域。

常用量具分别有量块、卡尺、千分尺、高度计、环规、牙规、高度规和百分表等。

量块是一种平行平面端度量具，又称块规。量块按其制造精度分为五个“级”：00、0、1、2 和 3 级。00 级精度最高，3 级最低。分级的依据是量块长度的极限偏差和长度变动量允许值。

卡尺有游标卡尺和数显卡尺两种。

千分尺又称螺旋测微器、螺旋测微仪、分厘卡，是比游标卡尺更精密的测量长度的工具，用它测长度可以准确到 0.01 mm，测量范围为几个厘米。

高度计由带立柱的大理石平台和千分表组成，广泛适用于精密工件检测、多点检测、测量设备监测和位置测量等众多领域。

环规也称校正环规，是用于校正量具不足的一种具有特定尺寸及属性的圆环。

牙规是检测内外螺纹大小的标准测量工具，有螺纹塞规（栓规）及螺纹环规两种，分别用于螺纹的内（母）螺纹和外（公）螺纹。牙规也称为限界螺纹规、螺纹通止规、螺纹塞规、螺纹牙规。

高度规由量测主轴上的磁性物质与磁性正弦波感测计数器所组成。当感测计数器与测头同步移动时，可计算出因磁力线产生的正弦波的变化次数，并换算为高度量值。

百分表是一种精度较高的比较量具，它既能测出相对数值，也能测出绝对数值，主要用于测量形状和位置误差，也可用于机床上安装工件时的精密找正。百分表的读数准确度为 0.01 mm。

计量器具的选择主要取决于被测工件的精度要求，在保证精度要求的前提下，也要考虑尺寸大小、结构形状、材料与被测表面的位置，同时也要考虑工件批量、生产方式和生产成本等因素。

思考与练习

1. 填空题

(1) 三坐标测量机的结构由__________、__________和__________正交的直线运动轴构成。

(2) 三坐标测量机的电子系统(控制系统)一般由__________、________和__________组成。

(3) 三坐标测量机的测量方式通常可分为__________、__________和____________。

(4) 光学影像测量仪是集光学、机械、电子、计算机图像处理技术于一体的________、________的测量仪器。

(5) 光学影像测量仪的类型分为____________和____________。

(6) 镜头在影像测量仪中的运作顺序__________、__________、________和______。

(7) 干涉仪是以______________为单位测量光程差的，其测量精度非常高。

(8) 色差仪的类型分为______________、______________、______________。

2. 简答题

(1) 什么是三坐标测量仪?

(2) CAV 全尺寸检测的优点是什么?

(3) 表面粗糙度量测仪的使用方法是什么?

模块五　产品品质意识

学习目标

1. 了解产品质量管理的基本方法；
2. 理解产品质量管理的目的；
3. 初步学会现代质量管理和 6 Sigma 管理的基本知识。

学习内容

1. 质量基本概念；
2. 质量管理的发展历程；
3. 全面质量管理；
4. 现代质量管理；
5. 6 Sigma 管理；
6. 正确的质量观念。

5.1　质量与质量管理

5.1.1　质量

品质意识是指人们在生产经营活动中，对品质(包括产品品质、工作品质)以及与之相关的各种活动的客观及主观的看法和态度，也就是通常所说的对提高产品品质的认识程度和重视程度，以及对提高产品品质的决心和愿望。产品品质的好坏一般通过质量来体现。质量是企业生存和发展的第一要素。质量水平的高低，反映了一个企业的综合实力，质量问题是影响企业发展的重要因素。在激烈的市场竞争中，应充分认识产品质量和质量管理对企业发展的作用和影响。

从字面来理解，“质量”是指产品或工作的优劣程度。而按照 GBT 19000 — 2000《质量管理体系 基础和术语》中的规定，“质量”是指产品、过程和体系的固有特性满足顾客要求的程度。这里，“固有特性”是指某事物本来就有的永久性的特性；“要求”既包括明示的需求或期望，也包括隐含的需求或期望。

通常所说的质量是指该产品的性能和价格等都适合使用方面的要求。简单地讲，质量就是产品满足使用要求所具备的特性，即适用性，包括产品的性能、使用寿命、可靠性、安全性和经济性。

1. 性能

性能是指产品在开发设计时综合用户需要对产品所规定的内容，并在制造过程中加以保证。

2. 使用寿命

使用寿命是指产品在规定的使用条件下完成规定功能的工作总时间。

3. 可靠性

可靠性是指产品在规定条件下和规定时间内，完成规定功能的能力。

4. 安全性

安全性是指产品在制造、贮存和使用过程中保证人身与环境免遭危害的程度。

5. 经济性

经济性是指产品寿命周期总费用(包括使用成本)的大小，亦即产品的经济性就是在使社会总的耗费少的情况下，确保对整个社会的最大效果。企业要使产品在经济性方面具有竞争力，不仅要研究如何降低制造成本，同时还要注意降低能耗，达到节能先进指标，并在维修和保养上力求省时、省事、省钱。

现代企业面临激烈的全球化市场竞争，要想在竞争中求生存、求发展，就必须不断提升科技创新与质量水平，创造“一流的质量”；要把质量贯穿产品实现的全过程，真正地融入国际化经营战略中，在全球化竞争与市场创新中，确立并不断实现质量领先的战略目标。

企业仅仅做到产品质量好还不够，还要在产品的交货期和数量上(特别是配件)满足用户要求，价格合理，并做好售后技术服务，才能提高产品的竞争力，扩大销路，树立企业信誉。因此，企业必须从产品的质量、交货期、数量、价格和服务进行综合考虑，这就形成了综合质量的概念，这是全面质量管理的重要特点之一。

5.1.2 质量管理

所谓管理，是指在一定的生产方式和环境下，按照一定的原则、程序和方法，通过计划、组织、用人、指导和控制充分而有效地运用一个机构拥有的人力、物力、财力等资源，使之最大限度地产生效率和效果，以达到机构预定的目标，完成预定的任务。

根据美国质量管理专家约瑟夫·M.朱兰的提法：“所谓质量管理就是制定质量标准，为实现这个标准而采取的所有手段的总和。”

根据 GB/T 19000，质量管理的定义为：“在质量方面指挥和控制组织的协调活动。”

质量管理不仅要管产品质量，而且要管工作质量。从一定意义上说，就是要通过改进企业各个部门和每个人的工作质量来保证提高企业的产品质量。

从企业内部来说，质量管理的内容主要有以下两个方面：

一是质量保证(为使人们确信某一产品、过程或服务质量能满足规定的质量要求所必需的有计划、有系统的全部活动)。按全面质量管理指导思想建立形成产品质量全过程的质量管理体系，也就是企业要以全面质量管理为中心，按组织、协调、检查、督促八字管理法，把企业各个部门、各个阶段和各项工作有机地、协调地、合理地组织起来，用工作质量保证产品质量，保证为用户提供优质产品和服务。

二是质量控制(为保持某一产品、过程或服务质量满足规定的质量要求而采取的作业技术和活动)。质量控制是将产品质量的实际结果与标准作比较，并对其差异采取措施的调节过程。它以企业质量检验活动为核心，是质量保证的基础。

5.2　质量管理的发展历程

5.2.1　质量管理的萌芽阶段

随着社会的发展，在早期的集市上，人们相互交换产品(主要为天然产品和天然材料的制成品)。产品制造者直接面对顾客，产品的质量由人的感官来判定。

后来，买卖双方不再直接接触，而是通过商人进行交换和交易。因此，早期在村庄、集市上通行的确认质量的方法便不再有效，于是产生了质量担保，从口头行式的质量担保逐渐演变成质量担保书。为使彼此相隔遥远的连锁性厂商和经销商之间能够有效地沟通，便产生了新的发明，这就是质量规范及产品规格。它使有关质量的信息能够在买卖双方间直接沟通，无论距离多么遥远，产品结构多么复杂。

再后来，简易的质量检验方法和测量手段也相继产生，这便是手工业时期的原始质量管理。由于这时期的质量主要靠手工操作者本人依据自己的手艺和经验把关，因而又称为“操作者的质量管理”。

18世纪中叶，欧洲爆发了工业革命，工厂大量产生。由于工厂具有手工业者和小作坊无可比拟的优势，导致了手工作坊的解体和工厂体制的形成。然而，工厂进行的大批量生产带来了许多新的技术问题，如部件的互换性、标准化、工装和测量的精度等，这些问题的提出和解决，催促着质量管理科学的诞生。

5.2.2　质量管理的发展过程

1. 质量检验阶段

从20世纪初到20世纪40年代为质量检验阶段，主要代表人物是美国科学管理的创始人弗雷德里克·W.泰勒(Frederik W.Taylor)。他把质量检验作为一种管理职能从生产过程中分离出来，从而形成了有组织的质量管理概念和方法。这是近代和现代质量管理的开端。

在质量检验阶段，检验员的职责主要是起把关作用，即按技术文件规定，使用一定的检测手段，对已经生产出来的产品进行检测和试验，并作出合格与否的判断，对合格产品的验收或放行，对不合格产品予以报废或返修处理。这对防止不合格品流入下一工序，保证出厂产品质量，提高工作效率，维护企业信誉起到了重要作用。由于这个阶段的质量检验重在单纯把关，对预防废品发生、质量信息反馈等管理方面的作用很弱，因此，一般把这个阶段称为质量管理发展的初始阶段。

2. 统计质量控制阶段

从20世纪40年代至20世纪60年代初为统计质量控制(Statistical Quality Control)阶段，主要代表人物是美国贝尔实验室工程师沃特·阿曼德·休哈特(Walter Armand. Shewhart)、道奇(H.F.Dodge)和罗米格(F.M.Romig)。休哈特于1924年首创了用于工序控制的控制图；道奇和罗米格提出了统计抽检检验理论和抽检表，取代了经验的和原始的检验方法。他们将数理统计方法引进质量管理，提出了用“控制图”对工序质量进行控制，从理论上实现了质量管理从事后把关向事前预防的转变。但由于美国经济处于萧条时期，工业生产不景气，直到二战期间，统计质量控制才在美国普遍应用，从而形成了“统计过程控制(Statistical Process Control)”的概念。

将质量检验阶段的事后把关变为积极的事先预防，这是统计质量控制阶段在质量管理指导思想上的一大进步。统计质量控制是运用数理统计的方法，从产品质量波动中找出规律性。针对产生波动的原因，及时采取措施予以消除，使生产过程各个环节控制在正常的状态，确保生产符合质量标准的产品。

把统计方法应用于产品质量控制，其实质就是把事后把关检验发展为事先预防性检验，即不是等到一个工序整批零件加工完了才去进行检验，而是在生产过程中，线上巡回进行抽检，并把抽检结果当成一个反馈信号，通过控制图来发现生产过程中的异常情况，及时分析原因，采取措施予以消除，防止产生不良品，这个过程又称为工序控制。

抽样检验是数理统计方法在统计质量控制阶段中应用的另一个方面。

3. 全面质量管理阶段

全面质量管理(Total Quality Control)阶段始于20世纪60年代初，至今仍在不断地发展和完善，其主要代表人物是美国的阿曼德·华林·弗根保姆(Armand Vallin Feigenbaum)和朱兰。他们提出了全面质量管理思想，强调人的因素是保证质量管理顺利进行的必要条件，并形成比较全面而完整的质量管理概念。当时所谓的“全面质量管理”的主要含义是：

(1) 单靠数理统计方法控制生产过程还不够，还需要有一系列的组织管理工作。

(2) 产品质量是在市场调查、开发、设计、工艺、采购、制造、检验、销售和服务等全过程中形成的，同时又在这个全过程的不断循环中螺旋式提高。

弗根保姆和朱兰认为在全面质量管理阶段中，应提倡讲究质量成本，强调质量不能脱离成本，否则就没有意义。

推行全面质量管理的基本要求可以概括为“十字规范”，即“三全”“三级”“四严”和“四大支柱”。“十字规范”具体内容如下：

(1) “三全”规范：全员质量管理，全过程质量管理，全部工作的全面质量管理。

(2) “三级”规范：基础质量管理，环节质量管理，终末质量管理。

(3) “四严”规范：质量管理组织的严密性，质量管理制度的严肃性，技术操作的严格性，质量意识的严谨性。

(4) “四大支柱”规范：标准化，质量教育，质量控制小组活动，质量管理工作循环体系(即戴明环——PDCA环)。

质量管理的发展历程如图5-1所示。

在图5-1中，四个阶段的质量管理方式各不相同：

(1) 质量检验阶段的质量管理：基于传统的质量管理，重在质量检验，只追求产品的质量。

(2) 统计质量控制阶段的质量管理：基于统计过程的质量管理，重在质量控制，追求的是过程的质量。

(3) 全面质量管理阶段的质量管理：全方位的质量管理，重在质量管理，追求的是体系的质量。

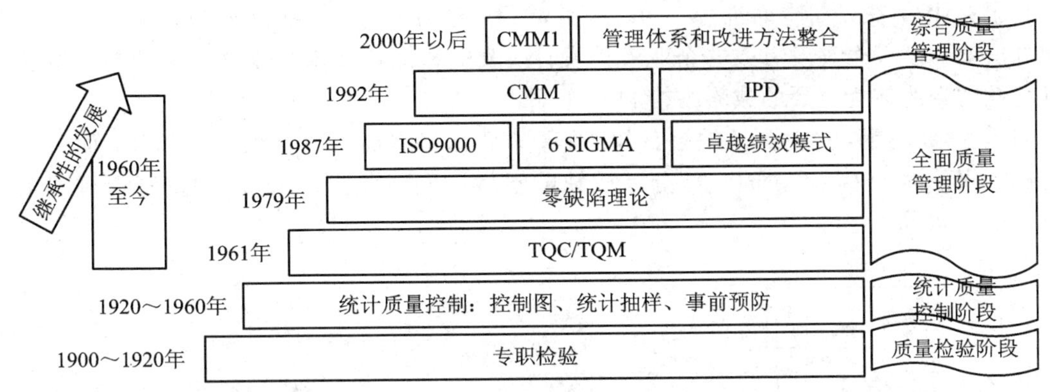

图 5-1 质量管理的发展历程图

(4) 综合质量管理阶段的质量管理：综合各因素的质量管理，重在质量经营，要求企业要善于经营质量。

随着经济全球化的发展，全面质量管理也得到发展和改进，形成了现代质量管理，即持续质量改进和质量管理标准化。

1) 持续质量改进

持续质量改进(Continual Quality Improvement，CQI)是在全面质量管理(TQM)的基础上发展起来的，以内部顾客(员工)和外部顾客(消费者)的需求为动力，持续地针对具体的过程问题进行质量改进。与 TQM(Total Quality Management，全面质量管理)相比，它更关注过程管理和环节质量控制。

2) 质量管理标准化

ISO9000 标准是国际标准化组织(ISO)所制定和颁布的质量管理体系通用要求和指南。它总结了工业发达国家先进企业的质量管理实践经验，对消除贸易壁垒、提高产品质量产生了积极影响。迄今为止，已有 80 多个国家采用此标准。它的实施，已被视为通向国际市场的“通行证”。

5.3 6Sigma 管理

5.3.1 6 Sigma 管理的定义

1. 6 Sigma 管理的诞生

6 Sigma(6σ 或六西格玛)最早作为一种突破性的质量管理战略，在 20 世纪 80 年代末在摩托罗拉公司(Motorola)成型并付诸实践，三年后该公司的 6 Sigma 质量战略取得了空前的成功，产品的不合格率从百万分之 6210(大约 4 Sigma)减少到百万分之 32(5.5 西格玛)，在此过程中节约了 20 多亿美金的成本。随后，德仪公司(Texas Instruments)和联信公司(Allied Signal，后与霍尼维尔 Honeywell 合并)在各自的制造流程全面推广 6 Sigma 质量战略。但真正把这一高度有效的质量战略变成管理哲学和实践，并形成一种企业文化的是在杰克·韦尔奇领导下的通用电气公司(General Electric Company)。该公司在 1996 年初开始把 6 Sigma 作为一种管理战略列在其三大公司战略举措之首(另外两个是全球化和服务业)，在公司全面推行6 Sigma的流程变革方法。而6 Sigma也逐渐从一种质量管理方法变成了一个高度有效的企业流程设计、改造和优化技术，继而成为世界上追求管理卓越性的企业最为重要的战略举措和管理哲学。

如图5-2所示，产品品质缺陷犹如冰山，真正露出水面的只是很少一部分，而绝大部分隐藏在水下面，这相当大的一部分品质缺陷不易被人察觉。6 Sigma质量管理目的正在于攻克整座冰山。

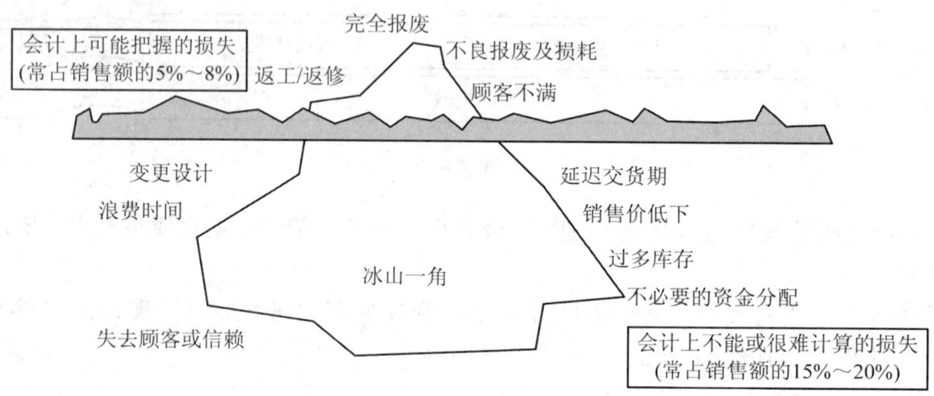

图5-2 产品质量缺陷冰山

2. 6 Sigma的含义

6 Sigma是统计学里的一个单位，表示与平均值的标准偏差，最初在统计学上用来度量质量特性总体上对目标值的偏离程度。它主要用来度量缺陷率，如$\pm1\sigma$为68%的合格率，$\pm2\sigma$为95%的合格率，$\pm3\sigma$为99.73%的合格率，而$\pm6\sigma$为99.99966%的合格率，也就是每百万次出错机会中只出现3.4个错误，这是非常接近“零缺点”的要求。它可以用来衡量一个流程的完美程度，显示每100万次操作中发生多少次失误。σ的值(即Sigma或西格玛的数值)越高，失误率就越低。1~7西格玛表示的失误如下：

1西格玛=690 000次失误/百万次操作

2西格玛=308 000次失误/百万次操作

3西格玛=66 800次失误/百万次操作

4西格玛=6210次失误/百万次操作

5西格玛=230次失误/百万次操作

6西格玛=3.4次失误/百万次操作

7西格玛=0次失误/百万次操作

如果是生产一种由1万个部件或程序组成的产品，即使达到了6 Sigma水平，也还有3%多的缺陷率；实际上，每生产1万件产品，将会有337处缺陷。如果公司设法在装运前查出了其中的95%，仍然还会有17件有缺陷的产品走出大门。6 Sigma是一项以数据为基础、以改善为目标的标准，追求几乎完美无瑕的质量管理办法，而7 Sigma才是真正达到零缺陷的质量控制过程，但是这只是一个努力的目标。

3. 6 Sigma管理的内容

6 Sigma管理主要分为如下七个步骤：

第一步：寻找问题(Select a problem and describe it clearly)。把要改善的问题找出来，

当目标锁定后便召集有关员工(作为改善主力)，并选出首领(作为改善的任责人)，随后便制定时间表跟进。

第二步：研究现时生产方法(Study the Present System)。收集现时生产方法的数据，并作整理。

第三步：找出各种原因(Identify possible causes)。结合有经验的员工，利用头脑风暴法(Brainstorming)、品质管制表(Control Chart)和鱼骨图表(Cause-and-Effect Diagram)，找出每一个可能发生问题的原因。

第四步：计划及制定解决方法(Plan and implement a solution)。结合有经验的员工和技术专才，通过头脑风暴法和各种检验方法，找出各解决方法。当方法设计完成后，便立即实行。

第五步：检查效果(Evaluate effects)。通过数据收集、分析、检查其解决方法是否有效和达到什么效果。

第六步：把有效方法制度化(Standardize any effective solutions)。当方法证明有效后，便制定为工作守则，各员工必须遵守。

第七步：检讨成效并发展新目标(Reflect on process and develop future plans)。当以上问题解决后，总结其成效，并制定解决其他问题方案。

6 Sigma 的精华有五大表现特征，即真正关注服务对象的满意度、以数据量化为基础、以减少偏差为侧重点、确保持续改进的五步过程(DMAIC)和 6 Sigma 文化。

4. 五步过程的内容

确保持续改进的五步过程(DMAIC)分别为：定义(Define)、测量(Measure)、分析(Analyze)、改善(Improve)、控制(control)五个阶段。

1) 定义

定义改进活动的目标。高层次的目标可以是组织的战略目标，如高的投资回报率或市场份额。作业层的目标可以是增加某个制造部门的产出。在项目这一级，目标可以是降低缺陷率和增加产出。

2) 测量

测量现有体系。制定合理的、可靠的衡量标准，以监督过程的进展，首先要确定目前的水准线。

3) 分析

分析体系以确定应用哪些方法来消除当前业绩与目标业绩之间的差距，可用统计工具来指导分析。

4) 改善

改善体系。寻找新方法要具有创造性，以把事情做得更好、更快、更节约成本。可用项目管理或其他策划和管理工具来应用这些新方法，并用统计方法来确认这些改进。

5) 控制

控制新体系。通过修订激励机制、方针、目标等使改进后的体系制度化。可用 ISO9000 之类的体系来保证文件化体系的正确性。

5.3.2 6 Sigma 管理对企业文化的影响

说起企业文化，似乎让人们感到很抽象。但是，仔细观察你周围的人在处理哪怕最简单细小的问题上所共有的观念、价值取向和行为准则，你就不难感觉到它的存在。简单地说，企业文化就是“我们这儿做事的方式”。当你试图去改进质量，特别是通过改进工作过程(包括加工、服务、行政和管理等)以获取最佳产品和服务质量的时候，文化便显示出巨大的阻力。因此：

(1) 当战略与文化发生冲突时，文化恒胜；

(2) 当企业文化与变革的精神不相容时，变革的努力将遭到失败。

分析那些成功企业的经验教训，特别是处于顶层位置的企业文化建设方面的经验教训，我们不难发现，成功的企业在实施质量战略时，比别的企业多走了一步。那就是，他们在致力于产品与服务质量改进的同时，肯花大力气去改造他们与 6 Sigma 质量不相适应的企业文化，以使全体员工的信念、态度、价值观和期望与 6 Sigma 质量保持同步，从而创造出良好的企业质量文化，保证 6 Sigma 质量战略的成功。

5.3.3 6 Sigma 管理的六个主题

6 Sigma 管理作为以经济性为原则的现代全面质量管理，已经逐渐引起人们关注和重视。理解 6 Sigma 不需要很深的统计学技术或背景，事实上“6 Sigma 是什么”能以各种不同的方式回答，在这里我们将专门定义 6 Sigma 为：

(1) 过程或产品业绩的一个统计度量；

(2) 业绩改进趋于完美的一个目标；

(3) 能实现持续领先和卓越业绩的一个管理系统。

我们把 6 Sigma 的关键因素提炼成六个主题，这些原理可以被多种 6 Sigma 工具和方法所支撑。这里对比传统全面质量管理作一个扼要阐述。

主题一：真正关注顾客。

尽管全面质量管理也十分强调以顾客为中心(或关注焦点)，但是许多已经具有 TQM 经验的公司在推行 6 Sigma 时经常惊骇地发现，对顾客的真正的理解少得可怜。

在 6 Sigma 中，以顾客关注的焦点最为重要。举例来说，对 6 Sigma 业绩的测量从顾客开始，通过对 SIPOC(供方、输入、过程、输出、顾客)模型分析，来确定 6 Sigma 项目。因此，6 Sigma 的改进和设计是以对顾客满意所产生的影响来确定，6 Sigma 管理比 TQM 更加真正关注顾客。

主题二：以数据和事实驱动管理。

6 Sigma 把“以数据和事实为管理依据”的概念提升到一个新的、更有力的水平。虽然全面质量管理在改进信息系统、知识管理等方面投入了很多注意力，但很多经营决策仍然是以主观观念和假设为基础。6 Sigma 原理则是从分辨什么指标对测量经营业绩是关键的开始，然后收集数据并分析关键变量，使问题能够更加有效地发现、分析和解决。

说得更加实际一些，6 Sigma 可帮助管理者回答两个重要问题：支持以数据为基础的决策和解决方案。

(1) 我真正需要什么数据/信息？

(2) 我们如何利用这些数据/信息以使利益最大化？

主题三：采取的措施应针对过程。

无论把重点放在产品和服务的设计、业绩的测量、效率和顾客满意的提高上或是业务经营上，6 Sigma 都把过程视为成功的关键载体。6 Sigma 活动的最显著突破之一是使领导和管理者(特别是服务部门和服务行业中的)确信过程是构建向顾客传递价值的途径。而全面质量管理虽然是要求全过程管理，但是缺乏重点突出。

主题四：预防性的管理。

非常简单，预防即意味着在事件发生之前采取行动，而不是事后做出反应。在 6 Sigma 管理中，预防性的管理意味着对那些常常被忽略的经营活动养成习惯：制定有雄心的目标并经常进行评审，设定清楚的优先级，重视问题的预防而非事后补救，询问做事的理由而不是因为惯例就盲目地遵循。

真正做到预防性的管理是创造性和有效变革的起点，而绝不会令人厌烦或觉得分析过度。6 Sigma 正如我们将会看到的，将综合利用工具和方法，以动态的、积极的、预防性的管理风格取代被动的管理习惯。

主题五：无边界的合作。

“无边界”是 GE 公司的前任 CEO 杰克·韦尔奇经营成功的口号之一。在推行 6 Sigma 之前，GE 的总裁们一直致力于打破障碍，但是效果仍没有使杰克·韦尔奇满意。

6 Sigma 的推行加强了自上而下、自下而上和跨部门的团队工作，改进了公司内部的协作以及与供方和顾客的合作。这种合作机会是很多的，每天有数十亿美元浪费在组织间缺乏沟通及相互竞争上面，而这些组织本该有共同的目标：为顾客提供价值。

主题六：力求完美，容忍失败。

你怎样能在力求完美的同时还能够容忍失败？从本质上讲，这两方面是互补的。不推行新的观念和方法，就没有公司能够接近 6 Sigma 水平，而新的观念和方法通常包括一些风险。如果人们看到了接近完美的可能方法，但又太害怕随之而来的错误，他们将永远不会尝试。

幸运的是，我们将要讨论的业绩改进技术中包括大量的风险管理方法，这样挫折或失败的范围就会有所限制。虽然每个以 6 Sigma 为目标的公司都必须力求使其财务结果趋于完美，但同时也应该能够接受并管理偶然的挫折。这些理论和实践使全面质量管理一直追求的零缺陷和最佳效益的目标得以实现。

6 Sigma 管理是一个渐进过程，它从一个梦想或一个远景开始，接近完美的产品和服务以及极高的顾客满意率。这给传统的全面质量管理注入了新的动力，也使依靠质量取得效益成为现实。

5.3.4 领导在实施 6 Sigma 管理中的职责

GE 公司的辉煌与杰克·韦尔奇的名字紧密相连，6 Sigma 管理在 GE 的成功与韦尔奇密不可分。正是韦尔奇的大力推进和身体力行，才使 6 Sigma 像野火般在 GE 熊熊燃烧，红遍世界。GE 的成就证明由企业高层领导亲自组织实施 6 Sigma 管理则是取得成功的关键！

那么在企业推行 6 Sigma 管理时，领导到底应该做些什么呢？其职责可归纳为以下几个方面：

(1) 成为 6 Sigma 强有力的倡导者。

摩托罗拉的鲍伯·高尔文，联信的拉里·博西迪和 GE 的杰克·韦尔奇至今为止仍在坚持不懈地推动 6 Sigma，并把它作为增加利润的火车头以及一种新的事业运作方式。正是杰克·韦尔奇不知疲倦的推行，才深深地影响了GE的其他高层领导们。这种热情和传道士精神同样也影响到了GE的供应商和客户，已经有相当多的供应商和客户在探索和实施自己的6 Sigma体系。摩托罗拉和联信的资深人士在谈到高尔文和博西迪时，常用“强有力的”“持续的”“充满活力的”等词来形容他们在6 Sigma上所倾注的热情。领导层如果愿意以此为榜样，必将极大地推动6 Sigma的进展。

(2) 简单明了地阐明推行6 Sigma的道理，使整个组织树立起坚定的信念。

无论是降低生产成本，简化工艺流程，还是提高顾客满意度等，归根到底受益的还是公司自身，对公司短期和长远的发展都有利。因此在推行6 Sigma之前首先必须让所有员工明确这一思想，从而全力配合6 Sigma工作的开展，扫除不必要的障碍，确保公司员工积极地参与到6 Sigma改进项目中去。

(3) 高层领导不是6 Sigma的看客，而是要亲力亲为地制定出6 Sigma活动的方向。

只要存在过程(无论是无形的还是有形的)，有改进的机会，就有6 Sigma发展的空间。面对如此广阔的发展空间，高层领导当然不能等闲视之。为了确保6 Sigma活动的成功，开拓员工的思路，坚持创新精神是必不可少的。不同的公司有不同的企业文化，高层领导必须结合公司自身的特点，走适合自己的6 Sigma之路，切不可生搬硬套别人的发展模式。

(4) 制定清晰的发展战略，设立一个“醒目(SMART)”的业务目标。

有了长远的目标和可行的计划就好比轮船在航行中有了导航灯和指定的航线，只有这样才能保证它能到达胜利的彼岸。领导必须制定清晰的战略目标，目的是要重视制定切实可行的进展计划。当然光有长远目标是不够的，明确的近期业务目标才能给人以紧迫感和前进的推动力，同时也能作为工作成效的衡量指标。

(5) 使自己与6 Sigma的成效直接挂钩。

企业的高层领导必须亲自承担起6 Sigma成败的责任。假如一个改进项目失败了，不应该只从小组或培训方面找问题，更重要的是领导者为保证其成功做了些什么：是否提供了必要的资源？项目目的是否明确？发现问题时，有没有认真听取？是否展现出了必要的紧迫感？

GE在这方面有一个相当有效的做法，就是将执行官们40%的奖金与6 Sigma的成效挂钩。这种“跳火炭”式的刺激方法，将6 Sigma的重要性强烈地传递给GE的每一个人，从而必然地将6 Sigma项目排在最重要的议事日程上。执行官的责任还包括如何制定相应的补偿/奖励机制来扶植6 Sigma的成长。当然补偿/奖励机制必须清晰明确，避免过于杂乱，否则易出现反效果。

(6) 保证结果的度量是真实可靠的。

6 Sigma的最终目的是创建一个更好的组织。通过组织内的财务专家量化潜在的收益来证实他们的成果，可以帮助确认所取得的成果是真实的，同时还可提升全体员工对6 Sigma改进的信心。

(7) 定期对6 Sigma的成果和推行过程中遇到的困难进行沟通。

持续地对通过6 Sigma取得的成果以及遇到的挫折和挑战进行沟通，可以保持6 Sigma持续向前发展。广泛宣传所取得的成功，并对主要人员进行奖励，可以明显地提高自信和热情。另一方面，仅仅公布成功的一面对建立信誉是有害的。应对公布的内容作出平衡，成功的经验可以借鉴，失败的经历同样值得深思，这样的沟通才是最有效的沟通。

6 Sigma的实施对企业无疑是有利的，但同时它也是一项十分细致而艰巨的工作。为了保证它的成功必须要明确目标，并组建推行 6 Sigma 的骨干队伍，对全员进行分层次的培训，使大家都了解和掌握 6 Sigma 的要点，充分发挥员工的积极性和创造性。当然实施 6 Sigma离不开强有力的领导的组织、协调、检查和督促，只有这样才能使企业更具生命力，在激烈的竞争中使企业走向成功！

6 Sigma 管理是一种新的理念，新的文化，推行 6 Sigma 是企业的一场变革。传统观念、传统习惯、传统势力、传统文化必须在变革中得到新生，企业必须在变革中得到发展。

5.4　质量意识

5.4.1　质量意识的定义

1. 质量的定义

ISO9000 — 2015《质量管理体系 基础和术语》中对“质量”的定义如下：

（1）质量促进组织所关注的以行为、态度、活动和过程为结果的文化，通过满足顾客和相关方的需求和期望实现其价值。

（2）组织的产品和服务质量取决于满足顾客的能力，以及对相关方有意和无意的影响。

（3）产品和服务的质量不仅包括其预期的功能和性能，而且还涉及顾客对其价值和利益的感知。

2. 意识的定义

ISO9000 — 2015《质量管理体系 基础和术语》中对“意识”的定义如下：

（1）意识就是思考和觉识，就是自主的意识。

（2）意识实际是：自我感觉＋主动做出决定(把知觉本身当成我，思考中的主动性)。

（3）只有人员认识到自身的责任，以及他们的工作如何有助于实现组织的目标时，他们才能具有质量意识。

质量意识是一个企业从领导决策层到每一个员工对质量和质量工作的认知与态度。认知可以通过培训等外在手段来逐步提升；而态度就是你有没有“把事情做对，并对结果负责”的愿望，是由内在因素决定的。在企业内，凡是按照一定的工作流程，预期得到相应目标的人员，都应具备质量意识。例如，管理人员应对工作的顺利开展负责，设备维修人员应对机器的正常运行负责，操作者应对制造合格产品负责，检验人员应对不良品筛选负责等。

5.4.2　质量意识的内容

1. 质量意识的内容

质量意识的具体内容如下：

（1）质量第一。

（2）质量是企业的生命。

（3）严守工作程序。

（4）设计是产品质量的核心(好的产品是怎样来的？不是检验出来的，绝大部分是设计出来的)。

（5）生产自己和顾客都满意的产品。

(6) 谁生产不合格的产品，谁就是不合格的员工。

(7) 下道工序是上道工序的客户。

(8) 不接受不合格的产品，不制造不合格产品，不移交不合格产品。

(9) 第一次就做好。

(10) 质量改进是个没有终点的连续性活动，停止就意味着开始倒退。

(11) 恪守职业道德，树立职业形象。

2. 正确的质量观念

企业员工必须树立正确的质量观念，具体体现为以下几个方面：

(1) 追求质量必须符合客户的需求。

(2) 追求质量要贯彻零缺陷，第一次就做对。

(3) 领导是质量工作的第一责任人。

(4) 追求质量最重要的投资就是决心。

(5) 追求质量是企业中每一个人的责任。

(6) 追求质量要特别重视预防。

3. 错误的质量观念

与之相反，错误的质量观念主要表现如下：

(1) 质量越高，成本越大。

(2) 讲究质量只会增加工作负荷，扩大作业程序的复杂性。

(3) 面对交货期等的压力，质量是可以打折的。

(4) 追求质量只是质量管理人员的任务。

(5) 质量问题85%是由一线员工引起的。

5.4.3 质量意识的建立

图5-3为JGP(杰盟建筑设计有限公司)的质量文化屋，它以质量为基础，建立质量意识，注重全员100%参与，通过提升执行力、预防能力、质量领导力和质量能力，推进质量文化的持续改进。

图5-3 质量文化屋

图 5-4 为质量行动指南，具体行动体现在：质量从我做起；第一时间把事情做对；发现问题，报告问题，解决问题。

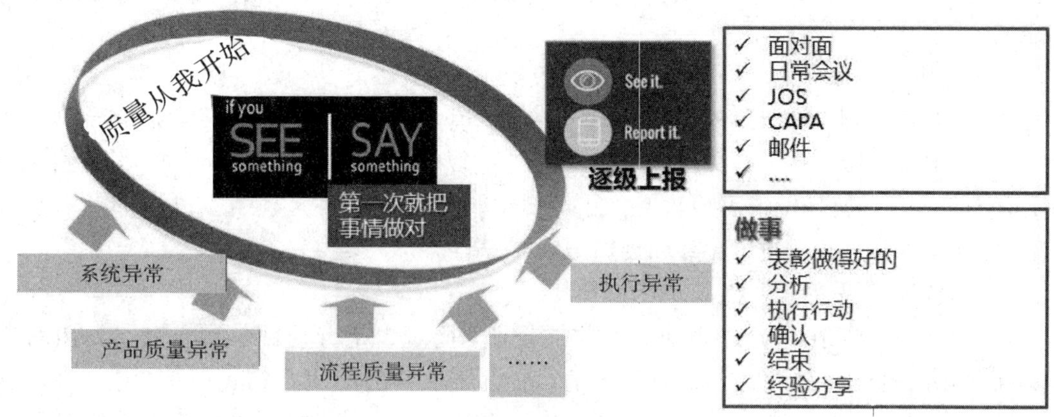

图 5-4　行动指南

1. 质量从我做起(Quality begins with me)

(1) 定义：品质需要从我做起，从公司的每一位员工开始；品质需要全员参与，包括公司营运经理、副营运经理等。领导为大家做好表率，可以强化和驱动公司品质第一、品质从我做起的企业文化 。

(2) 范围：公司每一位成员，从公司的领导到最基层的员工 。

(3) 执行：每一位员工在开始做自己事情的时候，永远要想一想自己做得怎么样，想一想怎样才能把工作做得更有质量，并保持文件化、系统化和可追述性。

(4) 经验分享：一个新成立的组装工厂时常有很多新批次的员工加入，由于订单紧，生产出来的产品合格率和效率都大大降低。OM 带领各个生产部门的经理在生产线亲自培训新员工，从文件标准、作前的准备及确认、操作步骤、操作顺序、运用工具、安全及注意事项、本工位的布局和标示、完成本工位后的自检等都做了具体清晰的培训，并和相关部门的经理和工程师一起制定了培训和认证新员工的方法，定义了各个工位具体培训的部门责任者、培训的内容、IPQC(Input Process Quality Control，制程检验)连续 5 个工作日的稽核和成绩统计，对不良率高的责任主管的原因分析和改善措施。在他的领导下，后续的新员工培训走上了及时、快速、有效的轨道，保证了品质和效率。

图 5-5 为木桶效应生活哲理，一个木桶所能装水的高度，取决于最低那块木板的高度。

一个木桶所能装水的高度，
取决于最低那块木板的高度

图 5-5　木桶效应

2. 第一时间把事情做对(Do it right first time)

(1) 定义：第一次就把事情做对、做好。做对事情是执行要求，第一次是效率要求，而重复和返工都需要巨大代价(三思而后行，不要事后诸葛亮；忙中会出错，先考虑符合性要求)。

(2) 范围：

① 所有工作都要执行SOP(Standard Operation Procedure，标准作业指导书)，SIP(Standard Inspection Procedure，标准检验指导书)、WI(Word Instruction，作业指导书)等，有不符合项，就是做错了。

② 针对现状进行改进、提升和创新 。

(3) 执行：首先符合，然后创新。

(4) 经验分享：JGP是外来加工型制造企业，同时也是劳动密集型企业。我们的车间是为生产出大批量高品质的产品而服务的，这就要求我们必须在第一时间就把事情做对，做得更好。否则大批量的产品需要返工，需要报废。请记住，有的客户要求我们产品是不允许重工的。试想想我们有没有在“所谓忙”的时候，在“所谓特别紧急”的时候，在还没有准备好的时候，用错了材料，SMT(Surface Mount Technology，表面组装技术)打错了电子元器件，混淆了产品，返工了产品，报废了产品？图5－6说明态度决定质量，事先知道什么是对的事情，把事情在第一时间做对；没有时间的浪费，没有返工的浪费和报废的浪费。

事先知道什么是对的事情，把事情在第一时间做对；没有时间的浪费，没有返工的浪费和报废的浪费

图5－6　态度决定质量

3. 发现问题、报告问题、解决问题(See something，say something，do something)

(1) 定义：

① 发现问题时，主动把问题讲出来，并依据问题本身采取相应的措施，解决问题。

② 依据观察到的实际情况进行描述，并结合事实展开行动；工作中确保自己的言行与事实一致，不弄虚作假。

(2) 范围：工作中的所有任务。

(3) 执行：主动发现问题，提出问题，解决问题。基于问题本身，不虚构事件，不作假数据，不作假报告，不欺骗，不隐瞒。

(4) 经验分享：发现问题必须立刻报告，勇敢大胆地说出来，不制造不良品，不让不良品流出公司，否则产品品质出问题，发生在客户以及市场的损失将是成倍地增加。公司的每一位员工都有发现问题、报告问题的义务。制造过程中IPQC、OBA(Out of Box Audit，开箱检验)发现的品质问题，更是需要第一时间予以解决。我们提倡全员都积极响应并参与到发现品质问题、报告品质问题和解决品质问题的活动中来。发现了问题，报告了问题，必须马上采取措施解决问题。如图 5-7 所示，司马光砸缸的事情就是这一要求的体现。

发现问题并及时解决问题

图 5-7　司马光砸缸

本章小结

质量是指产品、过程和体系的固有特性满足顾客要求的程度。通常所说的质量是指该产品的性能和价格等都适合使用方面的要求。简单地讲，质量就是产品满足使用要求所具备的特性，即适用性，包括产品的性能、使用寿命、可靠性、安全性和经济性。

全面质量管理强调人的因素是保证质量管理顺利进行的必要条件。全面质量管理“十字规范”：“三全”：全员质量管理，全过程质量管理，全部工作的全面质量管理；“三级”：基础质量管理，环节质量管理，终末质量管理；“四严”：质量管理组织的严密性，质量管理制度的严肃性，技术操作的严格性，质量意识的严谨性；“四大支柱”：标准化，质量教育，质量控制小组活动，质量管理工作循环体系。

现代质量管理包括持续质量改进和质量管理标准化。

6 Sigma 管理是在全面质量发展基础上形成的一种理念、文化和管理方法，其精华是 6 Sigma 的五大表现特征，即真正关注服务对象的满意度、以数据量化为基础、以减少偏差为侧重点、确保持续改进的五步过程(DMAIC)和 6 Sigma 文化。

JGP 质量以质量为基础，提倡 100%全员参与，通过提高执行力推进质量文化的持续改进；强调质量从我做起，第一时间把事情做对；发现问题，报告问题，解决问题。

思考与练习

1. 全面质量管理的理念是什么？

2. 质量意识的具体内容有哪些？

3. 阅读图 5－8 的七个小故事，指出故事中错误的质量观念体现在那些方面？

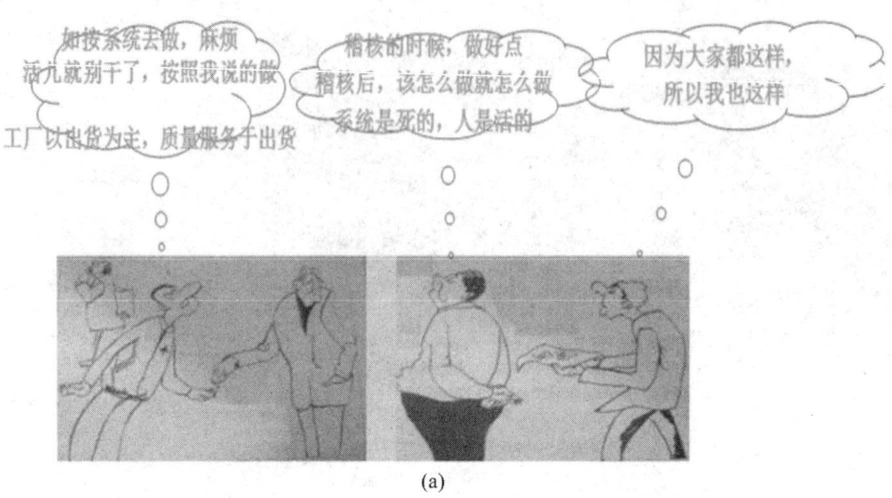

(a)

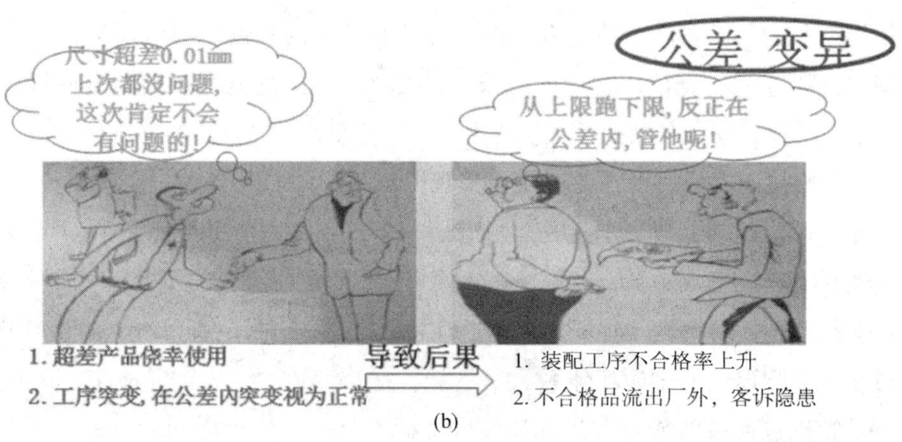

(b)

(c)

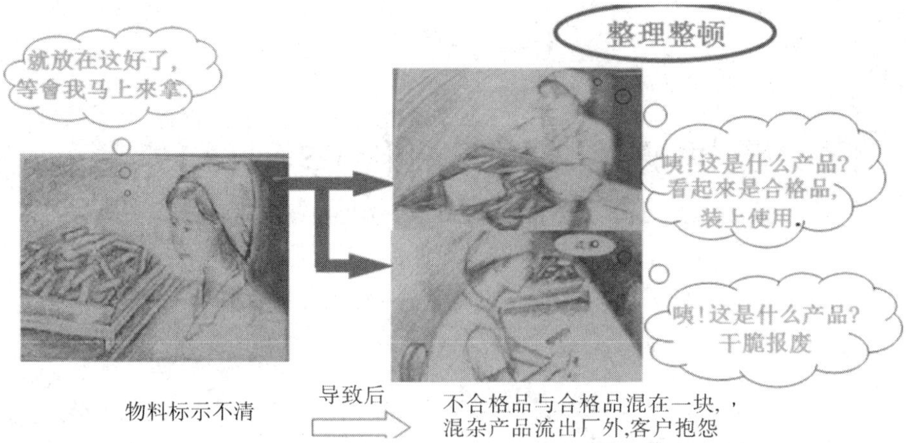

整理整顿

就放在这好了，
等會我马上來拿.

咦！这是什么产品？
看起來是合格品，
装上使用.

咦！这是什么产品？
干脆报废

物料标示不清 导致后 不合格品与合格品混在一块，
混杂产品流出厂外,客户抱怨

(d)

小事变大事

小小错误嘛

表单错误，
为何屡屡再犯

(e)

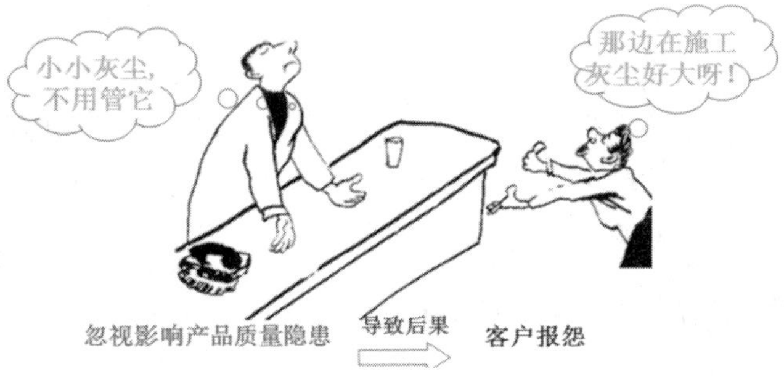

小小灰尘，
不用管它

那边在施工
灰尘好大呀！

忽视影响产品质量隐患 导致后果 客户报怨

(f)

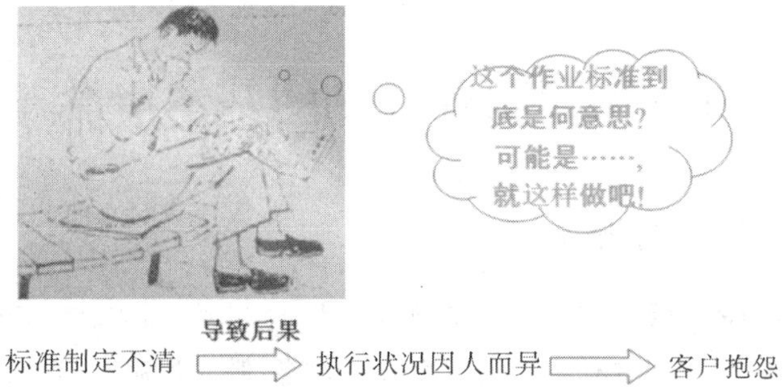

这个作业标准到
底是何意思？
可能是……，
就这样做吧！

标准制定不清 导致后果 执行状况因人而异 客户抱怨

(g)

图 5 - 8　缺乏质量意识的表现

模块六　统计制程控制(SPC)

学习目标

1. 了解 SPC 的基本概念和功能；
2. 了解统计学与概率的基本概念；
3. 理解控制图的原理、制作和判定准则；
4. 熟悉制程能力的分析和判定。

学习内容

1. SPC 的起源；
2. SPC 的功能；
3. 导入 SPC 对公司的影响；
4. 统计学的基本概念；
5. 概率的基本概念；
6. 控制图的原理；
7. 控制图贯彻预防原则；
8. 控制图的种类；
9. 控制图的选择；
10. 平均数与全距控制图($X-R$ Chart)；
11. 控制图的判定准则；
12. 制程能力的分析判定。

6.1　统计制程控制的基本概念

6.1.1　统计制程控制的起源

统计制程控制(也有称统计制程管制或统计过程管制)的简称是 SPC：S——Statistical(统计)，P——Process(制程、过程)；C——Control(控制、管制)。它是利用统计方法对过程中的各个阶段进行控制，从而达到改进与保证质量的目的。SPC 强调以全过程的预防为主。

20 世纪，人类跨入了以加工机械化、经营规模化、资本垄断化为特征的工业化时代，号称第二次工业革命。工业革命初期，人们对质量管理的理解还只限于质量的检验，所使用的手段是各种检测设备和仪表，方式是严格把关并进行百分之百的检验。

质量检验是在成品中挑出废品，以保证出厂产品质量。但这种事后检验把关的方法，无法在生产过程中起到预防、控制的作用，且百分之百的检验方式也增加了检验费用，在大批量生产的情况下，其弊端就凸显出来。为了解决这一问题，1910年代，现代统计学与现代演化论的奠基者之一罗纳德·爱尔默·费雪(Sir Ronald Aylmer Fisher)提出了统计理论。1924年，现代质量管理的奠基者沃特·阿曼德·休哈特(Walter Armand Shewhart)将数理统计的原理运用到质量管理中来，并绘制了第一张SPC图。他认为质量管理不仅要搞事后检验，而且在发现有废品生产的先兆时就应进行分析改进，从而预防废品的产生。SPC图就是运用数理统计原理进行这种预防的工具。

SPC图的出现是质量管理从单纯事后检验进入检验加预防阶段的标志，也是形成一门独立学科的开始。第一本正式出版的质量管理科学专著就是1931年休哈特的《工业产品质量的经济控制》(Economic Control of Quality of Manufactured Products)。第二次世界大战以后，统计质量管理开始广泛用于各种制造过程的改善。

SPC主要是指应用统计分析技术对生产过程进行即时监控，科学地区分出生产过程中产品质量的随机波动与异常波动，从而对生产过程的异常趋势提出预警，以便生产管理人员及时采取措施，消除异常，恢复过程的稳定，达到提高和控制质量的目的。表6-1为品质方法的发展历程。

表6-1　品质方法发展历程

发展阶段	具体内容
检验员时代	由一群训练有素的人员，负责全公司或产品的品质问题
自主检验时代	由操作人员自行检查，检验员只进行抽查工作
制程品质时代	由于制程控制的技巧，已达到制程稳定的目的
设计品质时代	开始意识到关键问题点在于设计不良或设计不当
全员品质时代	开始将品质观念推动到其他部门

6.1.2 SPC“预防”的含义

过去，制造商经常通过生产来制造产品，通过质量控制来检查最终产品并剔除不符合规范的产品，管理部门则经常靠检查或重新检查工作来找出错误。这两种情况都使用检测的方法，这种方法是非常浪费的，因为它允许将时间和材料投入到生产不一定有用的产品或服务中。

预防是一种在第一步就可以避免生产无用的输出，从而避免浪费的更有效的方法。如果说检测是容忍浪费，那么预防就是避免浪费。对许多人而言，预防的策略听起来是很明智，甚至显然的。经常能听到这样的口号：“第一次就把工作做好。”但光口号是不够的，企业管理者和员工必须要理解统计过程控制系统和各个要素，如图6-1所示。

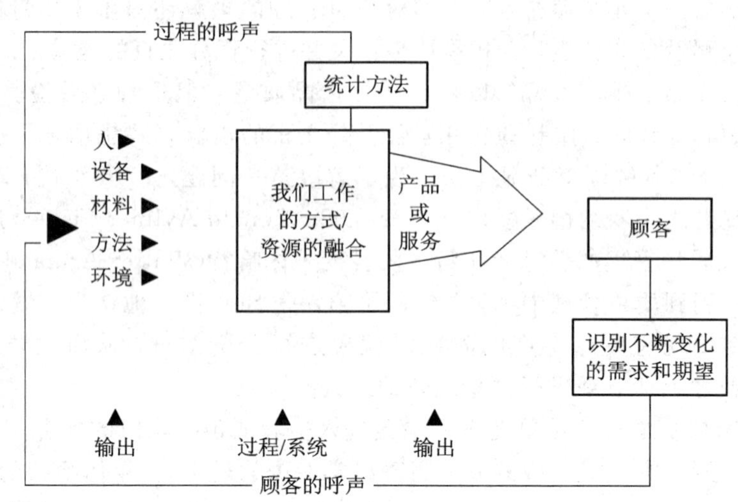

图 6-1 统计过程控制系统

统计过程控制是一种反馈系统，下面讨论该系统的四个重要基本原理。

1. 过程

所谓过程，指的是共同工作，以产生输出的供方、生产者、人、设备、输入材料、方法和环境以及使用产品的顾客的集合，如图 6-1 所示。过程的性能取决于供方和顾客之间的沟通、过程设计及实施的方式、运作和管理的方式等。过程控制系统的其他部分只有在帮助整个系统保持良好的水平或提高整个过程的性能时才有用。

2. 有关性能的信息

通过分析过程输出可以获得许多与过程实际性能有关的信息，但是与性能有关的最有用的信息是在研究过程本质以及其内在的变化性中得到的。过程特性(如温度、循环时间、进给速率、缺勤、周转时间、延迟、中止的次数等)是 SPC 关心的重点，因此要确定这些特性的目标值，从而使过程操作的生产率最高。此外，SPC 还需要监测结果与目标值的距离是远还是近，并将监测到的信息进行正确的分析，才可以确定过程是在正常还是在非正常的方式下运行的。若有必要，可采取适当的措施来校正过程或刚产生的结果。若需要采取措施，就必须及时和准确，否则收集信息的努力就毫无意义。

3. 对过程采取措施

通常，最经济的方法是对重要的特性(过程或输出)采取措施，从而避免它们偏离目标值太远。这样既能保持过程的稳定性，也能保持过程输出变差在可接受的界限之内。采取的措施包括改变操作(如操作员培训、变换输入材料等)或者改变过程本身更基本的因素(如设备需要修复、人的交流和关系如何、整个过程的设计、车间的温度或湿度等)。应监测采取措施后的效果，如有必要还应进一步分析并采取其他措施。

4. 对输出采取措施

如果仅限于对输出检测并纠正不符合规范的产品，而没有分析过程中的根本原因，常常是不经济的。如果目前的产品不能满足顾客的要求，可能有必要将所有的产品进行分类，报废不合格品或返工。这种状态必然持续到对过程采取必要的校正措施并验证，或持续到产品更改为止。

在统计质量控制(SQC，Statistical Quality Control)过程中，引起质量波动的原因主要来自六个方面(5M1E)：

人(Man)：操作者的质量意识、技术水平、文化素养、熟练程度、身体素质等。

机器(Machine)：机器设备、工夹具的精度、维护保养状况等。

材料(Material)：材料的化学成分、物理性能和外观质量等。

方法(Method)：加工工艺、操作规程和作业指导书的正确程度等。

测量(Measure)：测量设备、试验手段和测试方法等。

环境(Environment)：工作场地的湿度、温度、含尘度、照明、噪声、震动等。

图 6－2 所示为统计质量控制关系图，常用于质量管理中发生品质问题后，才将一些检验数据进行统计分析，并将得出结果进行进一步的持续改善。进行产品质量控制时，预防比检验更有优势，而“预防”的含义在于：不要等产品做出来后再去看它好不好(SQC)，而是在制造的时候就要把它做好(SPC)。

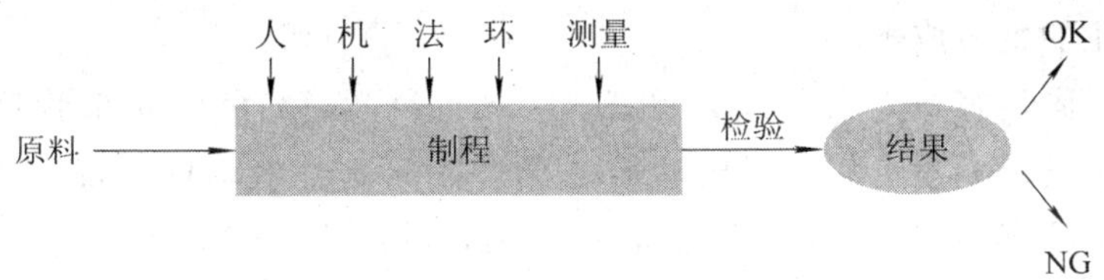

图 6－2　统计质量控制关系图

6.1.3　SPC 的功能

SPC 不是研究在哪个工序采用哪种控制图的问题，它强调从整个过程、整个体系着手解决问题，是在生产过程中的各个阶段(工序)对产品质量进行实时的监控与评估，是一种预防性方法。SPC 可以判断过程的异常，及时发出告警，其重点在于“P”(Process，过程)，主要分为以下几个阶段：

第一阶段：

SPC——统计过程控制，可判断过程的异常并及时告警，但不能告知此异常是什么因素引起的。

第二阶段：

SPCD(Statistical Process Control and Diagnosis)——统计过程控制与诊断。SPCD 既有告警功能，又有诊断功能。

第三阶段：

SPCDA(Statistical Process Control，Diagnosis and Adjustment)——统计过程控制、诊断与调整，它能控制产品质量、发现异常、诊断导致异常的原因并自动进行调整，但目前尚无实用性成果。

图 6－3 为 SPC 的功能流程图。

SPC 是目前国际公认的改善生产、降低成本最有效的工具。透过事前严密的制程控制计划，针对关键质量特性应用 SPC 技术，进行实时监控和预警，及时发现过程异常并加以

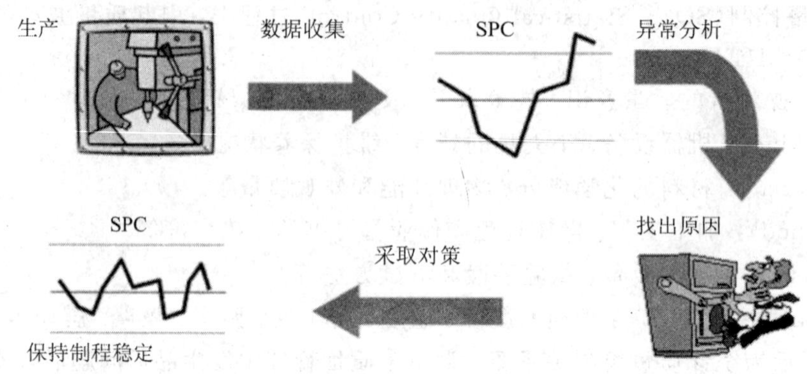

图 6-3 SPC 功能流程图

消除，从根本上降低不合格率是 SPC 发挥效用的秘诀。有效的实施 SPC 可以及时发现过程中的问题，采取适当的改善措施，使问题在发生之前得以消除，或降低问题带来的损失，从而大量节省企业的生产成本。

企业始终应以满足客户需求为最高目标，应具有科学、严格的质量管理体系，并将质量控制延伸到产品设计开发、售前、售后服务的各个环节中，确保产品和服务的高质量。目前为了全面满足顾客要求，提升企业核心竞争力，各企业均建立了信息化 SPC 系统，以达到以下效果：

1. 提高工作效率

（1）电脑自动对数据进行分析和处理。

（2）具备集成化的信息平台，实现质量信息的自动化追踪。

2. 降低生产运作成本

（1）提高工作人员的工作效率。

（2）增加对生产过程质量状况的了解，可预防某些质量问题的出现，及时发现问题并解决问题。

（3）及时发现和反馈质量问题，避免或降低质量损失费用。

3. 改善客户服务水平

（1）对质量信息进行专业化的统计分析，反映公司对质量控制的专业性，帮助树立客户信心。

（2）及时、高效地反馈客户要求，大幅度提高客户满意度，增强客户的忠诚度，巩固企业的市场地位。

4. 满足公司管理需求

（1）按业务流程管理要求进行功能设计，电脑管理与实际工作流程同步；提高系统的实用性和有效性以及用户界面的友好性；改进报表输出方法，提高报表质量。

（2）提高质量数据与其他业务数据的共享能力。

（3）加强工序控制管理功能，对重点工序进行实时控制。

（4）加强产品质量综合分析统计功能。

（5）统计方法灵活，随时可按用户选择的项目进行统计。

(6) 各产品/流程管控项目出现异常时通过声光报警、邮件、短信方式快速反馈给对应的责任人员；

(7) 各部门可根据需求输出报表。

6.2　统计学的基本概念

6.2.1　统计学基础

统计学是在大量观察值或观察值不确定的情况下，找出其中的规律性。除了可以用图或表来体现观察值的分类意义外，还可以配合抽样与概率理论，帮助我们对这些大量观察值的性质做出合理的推断，如图 6-4 所示。

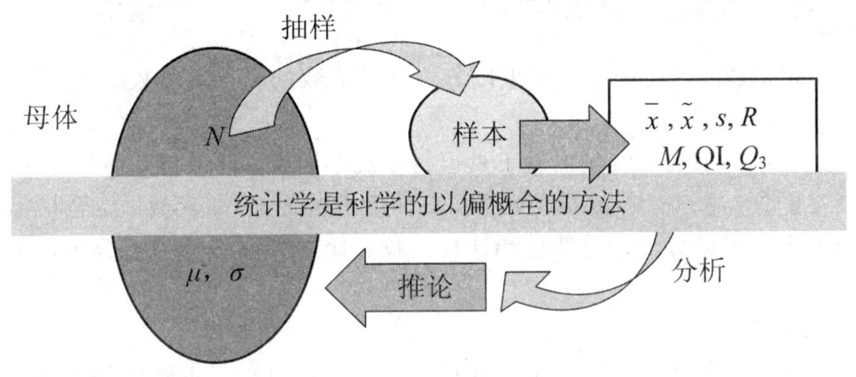

图 6-4　统计学原理

为了将统计学应用到科学、工业以及社会问题上，研究由母体开始。母体可能是一个国家的人民，石头中的水晶，或者是某家特定工厂所生产的商品。在实际研究中，母体的子集可代替研究母体的每一笔资料，这个子集称作样本。以某种经验设计实验所搜集的样本叫做资料。资料是统计分析的对象，并且被用作两种相关的用途：描述和推论。

描述统计学处理有关叙述的问题：不论是以数学或是图片表现，资料是否可以被有效的应用，以用来代表母体的性质？

推论统计学用来将资料中的数据模型化，计算它的概率并且作出对于母体的推论。这个推论可能以对/错问题的答案所呈现(假设检定)，如对于数字特征量的估计，对于未来观察的预测，对于关联性的预测(相关性)，或是将关系模型化。

在统计学中，其基本要素包括：

1. 母体与样本的关系

母体和样本的概念不是固定不变的。随着研究的不同，母体和样本也会有所不同。

2. 指标与标志的区别

指标是说明总体特征的，而标志是说明总体单位特征的。标志可以分为不能用数值表示的品质标志与能用数值表示的数量标志两种；而指标都是用数值表示的，没有不能用数值表示的指标。

3. 样本的标志特征

样本必须同时具备三个特征：同秩性，大量性，差异性。

4. 统计的认识过程

统计的认识过程是从定性认识到定量认识，再到定量认识与定性认识相结合。

6.2.2 主要统计学名词

1. 统计数据

统计数据是统计工作活动过程中所取得的数字资料以及与之相联系的其他资料的总称，是表示群体的要素特征、规模、结构、水平等指标的数据，是定性、定位和定量统计分析的基础数据。

根据获取的数据类型，统计数据可以分为计数值数据和计量值数据：

1）计数值数据

凡是不能连续取值或即使用测量工具也得不到小数点以下数据，而只能以 0 或 1、2、3 等整数来描述的这类数据，叫计数值数据(又称离散数据)，如人数、不合格品数、缺陷数等。计数值数据又可细分为计点数据和计件数据，计点数据服从泊松分布，计量数据服从二项分布。

2）计量值数据

凡是可以连续取值或可以用测量工具具体测量出小数点以下数值的这类数据，叫计量值数据(又称连续数据)，如长度、重量、温度、时间、力度等，这类数据服从正态分布。

表 6－2 为计数值数据与计量值数据的比较。

表 6－2 计数值数据与计量值数据比较

计数值数据	计量值数据
手机产品上的缺点数	每件部品重量为 60.55 kg
手机产品的不合格品数量	王五身高为 175 cm
手机生产线的不良率	制程的周期时间为 48 s
售后服务所调查客户满意度	工件的长度尺寸为 3.34 mm
未通过产品检查制程的产品数量	布面的面积为 3.2 m^2

2. 群体

群体又称母体，是指统计的全部元素所组成的集合，其数量符号以 N 代表，如图 6－5 所示。

3. 样本

实际观测或调查的一部分个体称为样本。样本是群体中部分元素所成的集合，其数量符号以 n 代表，如图 6－5 所示。样本中个体的数目称为样本容量。

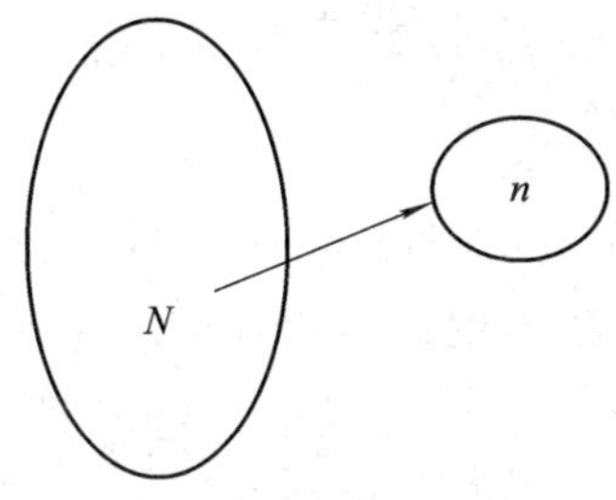

图 6－5　群体与样本

6.2.3　统计特位数

1. 平均量数

平均量数是指测试样本中各位数据点的集中程度，包括平均数、中位数和众数。

1）平均数

平均数(mean)是将整个观测值的总和除以观测个数，用 $\mu\bar{x}$ 或 $\bar{x}$ 表示。令 μ 为母体平均数，$\bar{x}$ 为样本平均数，则平均数具体计算公式如下：

$$\text{平均数}\ \bar{x}=\frac{\text{观测值总和}}{\text{观测个数}} \tag{6-1}$$

$$\text{母体平均数}\ \mu=\frac{\sum_{i=1}^{N}X_i}{N} \tag{6-2}$$

$$\text{样本平均数}\ \bar{x}=\frac{\sum_{i=1}^{n}X_i}{n} \tag{6-3}$$

例 6－1　甲检验员量测五包材料的重量，分别为 101 g、102 g、103 g、105 g、106 g，求五包材料的平均重量。

解　平均重量为

$$\bar{x}=\frac{101+102+103+105+106}{5}=103.4\ \text{g}$$

2）中位数

中位数(median)是数列按大小排序后位于最中间位置的数值，或中间两项数值的平均数，用 Me 或 $\tilde{x}$ 表示。

中位数的计算方法给定 n 个依大小顺序排列的观察值：若 n 为奇数，中位数取中间数值；若 n 为偶数，中位数取中间两数的平均数。

例 6－2　找出下列观察值中的中位数：

28，60，26，32，30，26，29，31

解 将观察值依大小顺序排列：

26，26，28，29，30，31，32，60

由于有偶数个观察值，因此中位数取中间两数的平均数：

$$\tilde{x}=\frac{29+30}{2}=29.5$$

3）众数

数列中出现次数最多的数值，称众数(mode)，符号为 M_o。

众数的计算方法：数列中次数出现最多的数值即为众数；直方图(左右对称)中，出现次数最多的“组中点数”即为众数。

例 6-3 某女鞋专卖店，前一日售出的所有鞋子尺寸如下：

31，34，36，33，28，34，30，34，32，40，求卖最多的是哪一尺寸的鞋子？

解 将数列从小到大依次排序：

28，30，31，32，33，34，34，34，36，40

数列中出现次数最多的数值：$M_o=34$。

例 6-4 某电视购物频道调查收看此频道人群的年龄，随机抽取群众样本 10 人，其年龄如下：27，30，37，28，34，31，26，37，28，32，试求此组观察值的三个平均量数。

解 依题意，其平均数、中位数、众数分别如下：

$$平均数\ \bar{x}=\frac{\sum_{i=1}^{n}X_i}{n}=\frac{27+30+37+28+34+31+26+37+28+32}{10}$$

$$=\frac{310}{10}=31$$

数列重新排列顺序：

26，27，28，28，30，31，32，34，37，37

$$中位数\ \tilde{x}=\frac{30+31}{2}=30.5$$

众数 $M_o=28,37$。

2. 差异量数

测试样本中各个数据点的分散程度不仅可表现一群数值的散布范围，亦可反映平均数的代表程度，包括全距和标准差。

1）全距 R

数列中最大值与最小值之差称全距(Range)，符号为 R。

计算公式：

$$R=X_{\max}-X_{\min} \tag{6-4}$$

使用全距的优点是容易计算，缺点是易被偏离值所影响。

例 6-5 某大学足球教练要决定踢球员的人选，最后请两位球员 A、B 分别试踢 10 球，以结果决定人选。其踢球结果记录如下：

A：41，55，30，38，50，42，39，25，28，52

B：39，42，38，42，44，40，41，38，36，40

两球员所踢出的平均距离皆为 40 码，请问教练应该选择哪位球员？

解　两位足球员的全距：$R_A = 55 - 25 = 30$，$R_B = 44 - 36 = 8$。

由于A球员的全距大于B球员，因此教练应该选择A球员。

2）标准差

将数列的平方和除以数列个数后再平方根，所得的量数称标准差（Standard Deviation），用σ或s表示。标准差依据变异数平方根而来，即标准差的平方为变异数。

标准差的计算公式：

$$母体标准差：\sigma = \sqrt{\frac{\sum_{i=1}^{N}(x_i - \mu)^2}{N}} \tag{6-5}$$

$$样本标准差：s = \sqrt{\frac{\sum_{i=1}^{n}(x_i - \overline{x})^2}{n-1}} \tag{6-6}$$

6.3　概率的基本概念

6.3.1　概率的基本概念

概率也称为或然率、机会率，它反映随机事件出现的可能性大小。随机事件是指在相同条件下，可能出现也可能不出现的事件。例如，从一批有正品和次品的商品中，随意抽取一件，“抽得的是正品”就是一个随机事件。我们把必然发生的事件的概率定为1，把不可能发生的事件的概率定为0，而一般随机事件的概率是介于0与1之间的一个数。

（1）对某一随机现象进行了n次试验与观察，其中A事件出现了m次，即其出现的频率为m/n。

（2）经过大量反复试验，常有m/n越来越接近于某个确定的常数P。

（3）这个稳定的常数P就称为事情A的概率（即或然率），俗称机会率，常用$P(A)$表示。

6.3.2　常态分布

常态分布（Normal Distribution）也称“正态分布”，又名高斯分布（Gaussian Distribution），最早由法国著名数学家亚伯拉罕棣莫弗（Abraham De Moivre）在求二项分布的渐近公式中得到。高斯在研究测量误差时从另一个角度导出了它，并合法国数学家拉普拉斯皮埃尔-西蒙研究了它的性质。常态分布是一个在数学、物理及工程等领域都非常重要的概率分布，在统计学的许多方面有着重大的影响力。

正态曲线呈钟形，两头低，中间高，左右对称。因其曲线呈钟形，因此人们又经常称之为钟形曲线。

常态分布是由一般分布的频数表资料所绘制的直方图，图中最高峰位于曲线的中部，左右两侧大致对称。可以设想，如果观察数列逐渐增多，组段不断分细，直方图顶端的连线会逐渐形成一条高峰位于中央（平均数所在处），两侧逐渐降低且左右对称，且不与横坐标相交的光滑曲线图。这条曲线称为频数曲线或频率曲线，近似于数学上的正态分布。由于频率的总和为100%或1，因此该曲线下横坐标上的面积为100%或1。图6-6为不同

$\pm k\sigma$的概率，表 6－3 为不同σ值对应的合格概率与不良概率表。

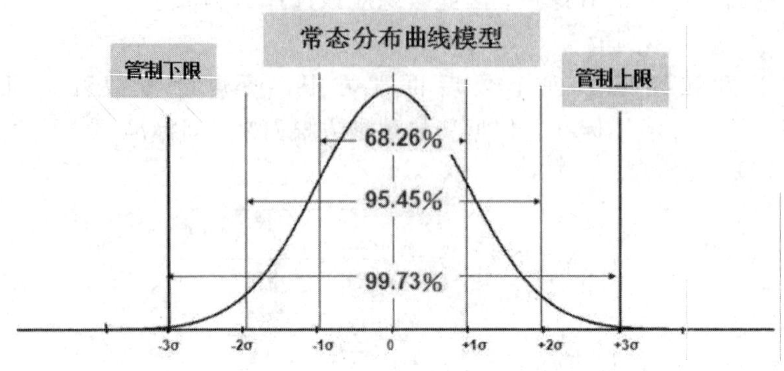

图 6－6　常态分布曲线图

表 6－3　不同σ值对应合格概率与不良概率表

规格范围	合格概率	不良概率
$\pm 1\sigma$	68.27%	31.73%
$\pm 2\sigma$	95.45%	4.55%
$\pm 3\sigma$	99.73%	0.27%
$\pm 4\sigma$	99.994%	0.0063%
$\pm 5\sigma$	99.999 94%	0.000 057%
$\pm 6\sigma$	99.999 999 8%	0.000 000 198%

6.4　控　制　图

6.4.1　控制图简介

控制图(Control Chart)又叫管制图，是对过程质量特性进行测定、记录、评估，从而监察过程是否处于控制状态的一种用统计方法设计的图。

贝尔试验室的休哈特博士在 20 世纪 20 年代研究过程控制时，首先区分了可控制和不可控制的变差(即我们所说的普通原因变差和特殊原因变差)，并提出一个简单有力的区分工具——控制图。从那时起，美国和其他国家，尤其是日本，成功地把控制图应用于各种过程控制场合。经验表明，当出现变差的特殊原因时，控制图能有效地引起人们注意，在系统或过程要求减少普通原因变差时，控制图能反映其大小。

使用控制图来改进过程是一个重复的程序，需多次重复收集、控制及分析几个基本步骤。首先按计划收集数据，然后利用这些数据计算控制限。控制限是解释统计控制数据的基础。当过程处于统计控制状态时，控制限可用来解释过程能力。为了使过程在受控和能力上得以改进，就必须识别变差的普通及特殊原因并据此改进过程。之后该循环又重新开始，更多的数据被收集、解释并且作为采取措施的基础。

1. 收集

将要研究的特性（过程或产品）的数据收集后转换成可画到控制图上的形式。这些数据可能是一个机加工零件的尺寸实测值、一匹维尼布上的缺陷数、轨道车的通过时间或记账的错误数目等。

2. 控制

利用数据计算试验控制限，将它们画在图上，作为分析的指南。控制限并不是规范限值或目标，而是基于过程的自然变化性和抽样计划。

然后，将数据与控制限相比，来确定变差是否稳定而且是否仅是由普通原因引起的。如果明显存在引起变差的特殊原因，应对过程进行研究从而进一步确定影响它的是什么。在采取措施（一般是局部措施）后再进一步收集数据，如有必要可重新计算控制限。若还出现其他的特殊原因，则继续采取措施。

3. 分析及改进

当所有的特殊原因被消除之后，过程在统计控制状态下运行，仍继续使用控制图作为监控工具，也可计算过程能力。如果由于普通原因造成的误差过大，则过程不能生产出始终如一的符合顾客要求的产品，必须调查过程本身。而且一般来说，必须采取管理措施来改进系统。

控制图如图 6－7 所示。

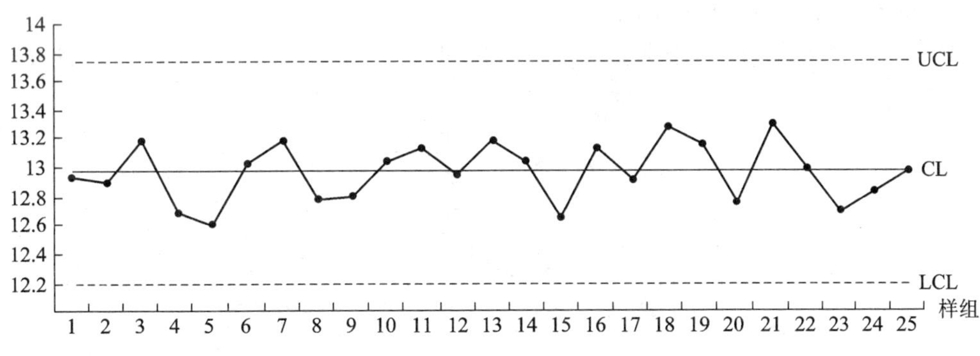

图 6－7　控制图

控制图上有三条平行于横坐标的直线，分别是中心线、控制上限、控制下限。

(1) 中心线（CL，Central Line）：表示控制图中平均值的直线。

(2) 控制上限（UCL，Upper Control Limit）：在中心线上方的控制界限。

(3) 控制下限（LCL，Lower Control Limit）：在中心线下方的控制界限。

控制上限和控制下限统称为控制界限（Control Limit）。

6.4.2　控制图的原理

控制图是了解过程变差并控制统计过程状态的有效工具，一般由操作人员保留在工作场地上。当需要采取措施或者不需要采取措施（例如过度调整）时，控制图可给予操作密切相关的人员提供可靠的信息。

当过程处于统计控制状态时，其性能将是可预测的，这样生产者和顾客都可以得到一致的质量水平以及达到该质量水平的稳定的成本。

处于统计控制状态的过程可以通过减少普通原因引起的变差，并可通过改进过程的中心线(目标)来进一步改进；可以估计出在系统中建议改进的期望效果，甚至相对微小的变化的实际影响也可通过控制图的数据来识别；所需的数据量将随受检的过程而变化。这种通过减少对目标值的变差来改进过程的方法可以减少成本并提高生产率。

1. 控制图常见错误

第一种错误也叫生产者冒险率 α(指产品被判为不良品的概率)，具体表现为：

(1) 把正确的误判为错误的(产生浪费)。

(2) 会浪费人力物力。

(3) 指在第一个抽样计划下，好批次产品会被拒收的概率。

第二种错误也叫消费者冒险率 β(指产品被判为良品的概率)，具体表现为：

(1) 把错误的误判为正确的(造成顾客投诉)。

(2) 错过改正的机会。

(3) 指在某一个抽样计划下，坏批次产品会被允收的概率。

2. 控制界限：$\pm 3\sigma$

常态分布在生产品质控制中的应用为：无论平均值 μ 和标准差 σ 取何值，产品质量特性值落在($\mu \pm 3\sigma$)之间的概率为 99.73%，落在($\mu \pm 3\sigma$)之外的概率为 100%－99.73%＝0.27%，而超过其中一侧，即大于($\mu - 3\sigma$)或小于($\mu + 3\sigma$)的概率为 0.27%/2＝0.135%。图 6－8 为($\mu \pm 3\sigma$)的常态分布曲线图。

这个结论十分重要，控制图即基于这一理论而产生。

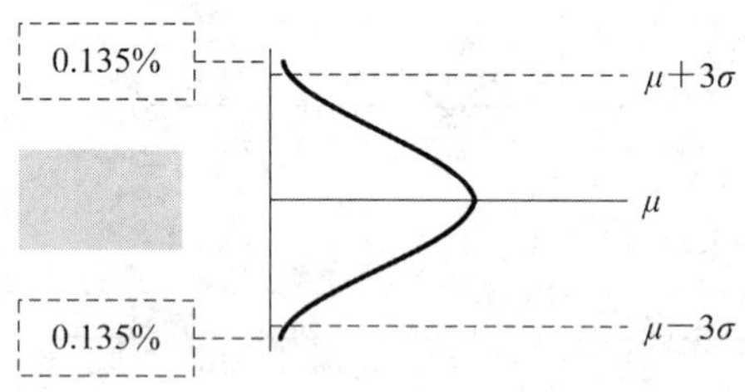

图 6－8 $\mu \pm 3\sigma$ 的常态分布曲线图

控制界限是根据统计方法计算而得的平行于中心线的两条直线，通常控制在 $\pm 3\sigma$(标准差)的位置。控制界限特点如下：

(1) 完全避免生产者冒险率 α 与消费者冒险率 β 两种错误是不可能的，只有将这两种错误产生的损失减低到最小。

(2) 若产品品质特性值服从常态分布，在正常的生产过程中，产品特征值落在控制界限 $\pm 3\sigma$ 之外的机会为 0.27%。

(3) 综合以上两点，则 1000 次中约有 3 次机会将正常的状态判别为异常，这样的错误可以保证产品品质，并且成本是可接受的。

3. 影响产品品质变异的因素

1）机遇变异因素

机遇变异因素是指在目前的制程下产生的变异是必然的，有时是规格可接受的范围。如果无法接受就必须从提高设备精度或改善制程等。

机遇变异的因素有如下几个方面：

（1）用同一量测仪器，由同一人量测相同一个对象数次，在短时间内所得的量测值有差异存在，造成这种差异的原因即属于机遇原因。

（2）在生产工作中，虽制定有操作标准，但在操作条件容许范围内必定会有变化。

（3）原材料的品质在其规格范围内允许发生变化。

（4）机器震动所引起的变动以及作业员的变动等，属于工厂无法避免的变动。

（5）有很多由微小的原因引起的变动。在制程控制时，想要将这些变动减少或去除是非常不经济的。

（6）其他条件如气候及环境变化所造成的变化。

2）特殊变异因素

特殊变异因素是指制程中的变异因素不在统计的控制状态下，无法预知何时会发生。因此需要对制程加以监控，及时发现以减少不良品的产生。

特殊变异因素包括以下几个方面：

（1）未按照操作标准进行操作。

（2）虽按照操作标准进行操作，但各种标准的制定并不完善，以致无法控制变异原因。

（3）使用不合格的原材料。

（4）机器发生故障或磨损。

（5）作业员身心疲劳或工作情绪欠佳。

（6）量测治具不准确所造成的变异。

表 6－4 为变异的特性及产生的原因。

表 6－4　变异的特性及产生的原因

类别	机遇变异因素	特殊变异因素
特性	（1）固有的 （2）随时存在 （3）造成的影响性小 （4）种类多 （5）不容易经济消除	（1）偶发 （2）种类少 （3）影响性大 （4）可经济消除 （5）可用统计方法侦测出 （6）对于制程影响无法预测
可能原因	（1）原料的固有变异 （2）管理方式不适当 （3）机器的震动 （4）工作环境的变化	（1）错误的工具 （2）不适当的材料 （3）作业员的错误 （4）机器不适当的调整 （5）机器故障 （6）工具损坏

6.4.3 控制图贯彻预防的原则

利用控制图对生产过程进行不间断监控，当异常因素开始出现时，未造成不合格品之前就能及时被发现。例如，图 6－9 中的数据点有逐渐上升的趋势，可以在这种趋势造成不合格品之前就采取措施加以消除，起到预防的作用。

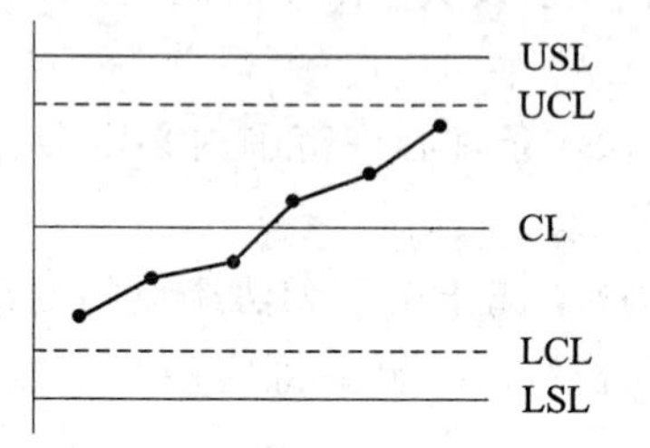

图 6－9 控制因素监控图

在生产现场，出现最多的情况是控制图显示异常，即表明异常原因已经发生，此时一定要贯彻“查出异因，采取措施，保证消除，不再出现，纳入标准”的原则，否则控制图就形同虚设。每贯彻一次(即经过一次这样的循环)就消除一个异常因素，使异常不再出现，从而起到预防的作用。制程控制原理见图 6－10。

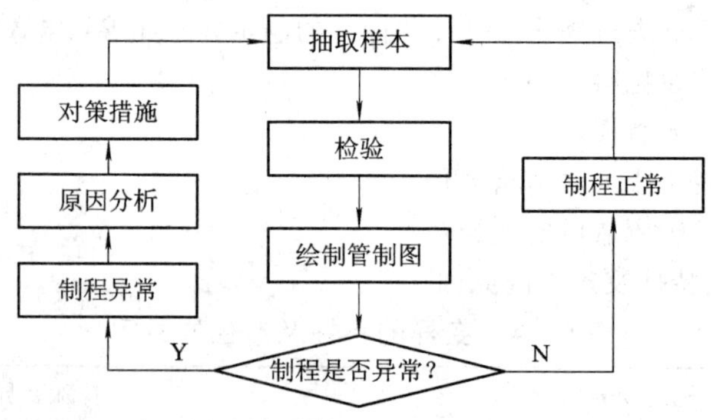

图 6－10 制程控制原理

6.4.4 控制图的种类

根据统计数据的类型不同，控制图可分为计量值控制图和计数值控制图。

1. 计量值控制图

计量值控制图(valuable control chart)用来测量长度、重量、面积、温度、时间等。

(1) 平均值-极差控制图：适用于产品批量较大且稳定、正常的工序。$\overline{X}$ 图主要用于观察分布的均值变化，R 图用于观察分布的一致性变化。

(2) 平均值-标准差控制图：当数据个数 $n>10$ 时用 σ 图代替 R 图，适用于检验时间远比加工时间短的场合。$\overline{X}$ 用于观察分布的均值变化，σ 图用于观察分布的一致性变化。

(3) 中位数-极差控制图：适用于产品批量较大且稳定、正常的工序。$\tilde{x}$ 图用于观察分布的中位数变化，R 图用于观察分布的一致性变化。

(4) 单值-移动极差控制图：X－MR 图(X－MR)适用于因各种原因(时间、费用等)每次只能得到一个数据或希望尽快发现并消除异常因素的场合，适用于无需抽取多个试样的均质产品，如一炉钢的成分。X 图用于观察分布的单值变化，MR 图用于观察分布的一致性变化。

2. 计数值控制图

计数值控制图(attribute control chart)用来计算不良数、缺点数等。

(1) 不合格品数控制图：不合格品数(Pn)控制图样本数量相等，用于控制一般的过程。

(2) 不合格品率控制图：不合格品率(P)控制图样本数量可以不等，用于控制关键的过程。

(3) 缺陷数控制图：缺陷数(C)控制图样本数量相等，用于控制一般缺陷数的场合。

(4) 单位缺陷数控制图：单位缺陷数(u)控制图样本数量可以不等，用于控制每单位缺陷数，如线路板焊接不良点数等。

控制图的选择技巧可参考图 6－11。

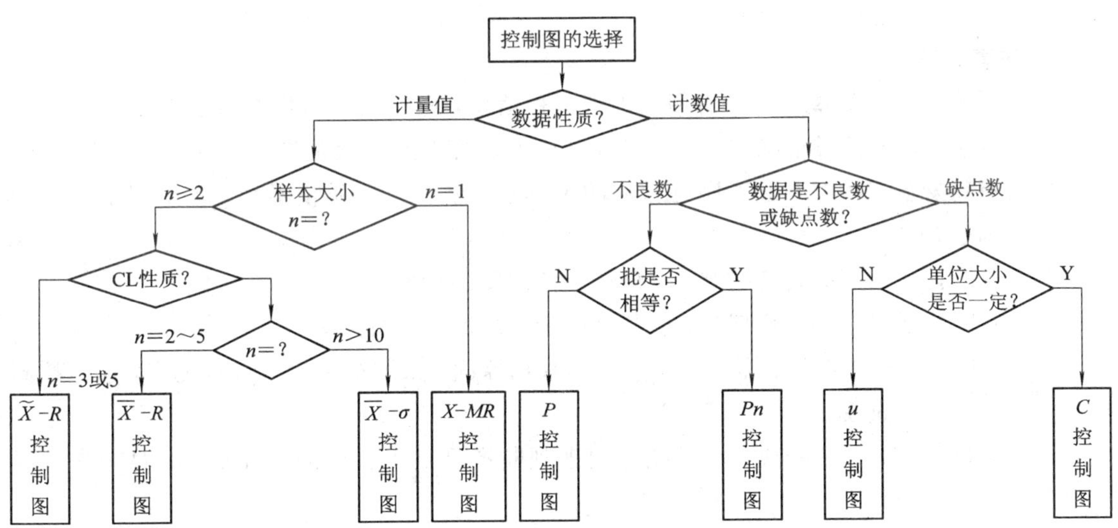

图 6－11　控制图的选择方法

根据应用场合不同，控制图还可分为分析用控制图和控制用控制图。

1. 分析用控制图

在某一道工序开始应用控制图时，几乎总不会恰巧处于统计控制状态(稳态)，即存在异因。如果以非稳态状态下的参数来建立控制图，控制图界限之间的间隔一定较宽。以这样的控制图来控制未来，将导致错误的结论。因此，工序一开始，总要经历将非稳态的过程调整到稳态的过程，即调整到过程的稳态，这就是分析用控制图的阶段。

分析用控制图作用如下：

(1) 为决定方针用。

(2) 为工程解析及工程能力研究用。

(3) 为制程控制之准备用。

2. 控制用控制图

等到过程调整到稳态后，才能延长控制图的控制限，这就是控制用控制图阶段。常言道："始于控制图，终于控制图。"所谓"始于控制图"，是指对过程的分析从用控制图对过程进行分析开始；所谓"终于控制图"，是指对过程的分析结束，最终建立控制用控制图。

当过程达到所确定的状态后，才能将分析用的控制图控制延长作为控制用控制图。进入日常管理后，关键任务是保持所确定的控制状态。经过一个阶段使用后，可能又会出现异常，这时应查出异常因素，采取必要措施，加以消除，以恢复统计控制状态。

6.4.5 制作控制图

1. 制作步骤

(1) 按规定的抽样间隔和样本大小抽取样本。

(2) 测量样本的质量特性值，计算其统计量数值。

(3) 在控制图上描点。

(4) 判断生产过程是否有并行。

2. 注意事项

控制图为管理者提供了许多有用的生产过程信息，应注意以下几个问题：

(1) 根据工序的质量情况，合理地选择管理点。管理点一般是指关键部位、关键尺寸、工艺本身有特殊要求、对下道工序有影响的关键点，如可以选质量不稳定、出现不良品较多的部位为管理点。

(2) 根据管理点上的质量问题，合理选择控制图的种类。

(3) 使用控制图做工序管理时，应首先确定合理的控制界限。

(4) 控制图上的点有异常状态的，应立即找出原因，采取措施后再进行生产，这是控制图发挥作用的首要前提。

(5) 控制线不等于公差线。公差线是用来判断产品是否合格的，而控制线是用来判断工序是否发生变化的。

(6) 控制图发生异常时，要明确责任，及时解决并上报。

6.4.6 平均值-极差控制图

$\overline{X}-R$ 控制图用于控制对象为长度、重量、强度、纯度、时间、收率和生产量等计量值的场合。$\overline{X}-R$ 控制图包含分析品质特性集中趋势变化的平均数控制图($\overline{X}$)以及分析品质特性离中趋势变化的全距控制图(R)。$\overline{X}$ 控制图主要用于观察正态分布的均值变化，R 控制图主要用于观察正态分布分散或变异情况的变化，而 $\overline{X}-R$ 控制图则将二者联合运用，用于观察正态分布的变化。

$\overline{X}-R$ 控制图是最常用、最重要的一种品质控制工具，具有使用范围广、灵敏度高的优点。

1. 控制图的控制限计算

(1) $\overline{X}$ 控制图计算公式如下：

$$UCL_{\overline{X}}=\overline{\overline{X}}+3\sigma_{\overline{X}}=\overline{\overline{X}}+A_2R \quad (6-7)$$

$$CL_{\overline{X}}=\overline{\overline{X}} \quad (6-8)$$

$$LCL_{\overline{X}}=\overline{\overline{X}}-3\sigma_{\overline{X}}=\overline{\overline{X}}+A_2\overline{R} \quad (6-9)$$

2) R 控制图计算公式

当母体 σ 未知时：

$$UCL_R=D_4R \quad (6-10)$$

$$CL_R=\overline{R} \quad (6-11)$$

$$LCL_R=D_3\overline{R} \quad (6-12)$$

其中 $\overline{R}=\frac{\sum_{i=1}^{n}R_1}{n}$。

当母体 σ 已知时：

$$UCL_R=D_2\sigma \quad (6-13)$$

$$CL_R=d_2\sigma \quad (6-14)$$

$$LCL_R=D_1\sigma \quad (6-15)$$

控制图常数表见表 6-5。

表 6-5　控制图常数表

样本大小(n)	$\overline{X}-R$ 图			
	A_2	D_3	D_4	d_2
1	1.880	0	3.267	1.128
2	1.023	0	2.574	1.693
3	0.729	0	2.282	2.059
4	0.577	0	2.114	2.326

6.4.7　专项技能训练

例 6-6　根据表 6-6 和表 6-7 制作控制图。

表 6-6 R 控制图计算表

样组	计量值					小计	平均数	全距
	x_1	x_2	x_3	x_4	x_5	x	x	R
1	13.2	13.3	12.7	13.4	12.1	64.7	12.94	1.3
2	13.5	12.8	13.0	12.8	12.4	64.5	12.90	1.1
3	13.9	12.4	13.3	13.1	13.2	65.9	13.18	1.5
4	13.0	13.0	12.1	12.1	13.3	63.5	12.70	1.2
5	13.7	12.0	12.5	12.4	12.4	63.0	12.60	1.7
6	13.9	12.1	12.7	13.4	13.0	65.1	13.02	1.8
7	13.4	13.6	13.0	12.4	13.5	65.9	13.18	1.2
8	14.4	12.4	12.2	12.4	12.5	63.9	12.78	2.2
9	13.3	12.4	12.6	12.9	12.8	64.0	12.80	0.9
10	13.3	12.8	13.0	13.0	13.1	65.2	13.04	0.5
11	13.6	12.5	13.3	13.5	12.8	65.7	13.14	1.1
12	13.4	13.3	12.0	13.0	13.1	64.8	12.96	1.4
13	13.9	13.1	13.5	12.8	12.6	65.9	13.18	1.3
14	14.2	12.7	12.9	12.9	12.5	65.2	13.04	1.7
15	13.6	12.6	12.4	12.5	12.2	63.3	12.66	1.4
16	14.0	13.2	12.4	13.0	13.0	65.6	13.12	1.6
17	13.1	12.9	13.5	12.3	12.8	64.6	12.92	1.2
18	14.6	13.7	13.4	12.2	12.5	66.4	13.28	2.4
19	13.9	13.0	13.0	13.2	12.7	65.8	13.16	1.2
20	13.3	12.7	12.6	12.8	12.4	63.8	12.76	0.9
21	13.5	13.0	13.4	13.6	13.0	66.5	13.30	0.6
22	12.8	13.3	13.1	13.0	12.8	65.0	13.00	0.5
23	12.0	12.5	13.7	12.4	12.9	63.5	12.70	1.7
24	13.0	12.1	13.5	12.7	12.9	64.2	12.84	1.4
25	12.5	14.0	12.1	13.3	13.0	64.9	12.98	1.9

表 6-7　$\overline{X}-R$ 控制图计算表

样本大小(n)	$\overline{X}-R$ 图			
	A_2	D_3	D_4	d_2
2	1.880	0	3.267	1.128
3	1.023	0	2.574	1.693
4	0.729	0	2.282	2.059
5	0.577	0	2.114	2.326

解：

$$\overline{X}_1=\frac{13.2+13.3+12.7+13.4+12.1}{5}=12.94$$

$$R_1=X_{\max}-X_{\min}=13.4-12.1=1.3$$

$$\overline{\overline{X}}=\frac{\overline{x}_1+\overline{x}_2+\overline{x}_3+\cdots\cdots+\overline{x}_{25}}{25}=12.967$$

$$\overline{R}=\frac{R_1+R_2+R_3+\cdots\cdots+R_{25}}{25}=1.348$$

R 控制图(σ 未知)

$$\mathrm{UCL}_R=D_4\overline{R}=2.114\times1.348=2.850$$

$$\mathrm{CL}_R=\overline{R}=1.348$$

$$\mathrm{LCL}_R=D_3\overline{R}=0$$

$\overline{X}$ 控制图

$$\begin{aligned}\mathrm{UCL}_{\overline{X}}&=\overline{\overline{X}}+3\sigma_{\overline{X}}=\overline{\overline{X}}+A_2\overline{R}\\&=12.967+(0.577\times1.348)\\&=13.744\end{aligned}$$

$$\mathrm{CL}_{\overline{X}}=\overline{\overline{X}}=12.97$$

$$\begin{aligned}\mathrm{LCL}_{\overline{X}}&=\overline{\overline{X}}-3\sigma_{\overline{X}}=\overline{\overline{X}}-A_2\overline{R}\\&=12.967-(0.577\times1.348)\\&=12.189\end{aligned}$$

通过计算，所得控制图如图 6-12 和图 6-13 所示。

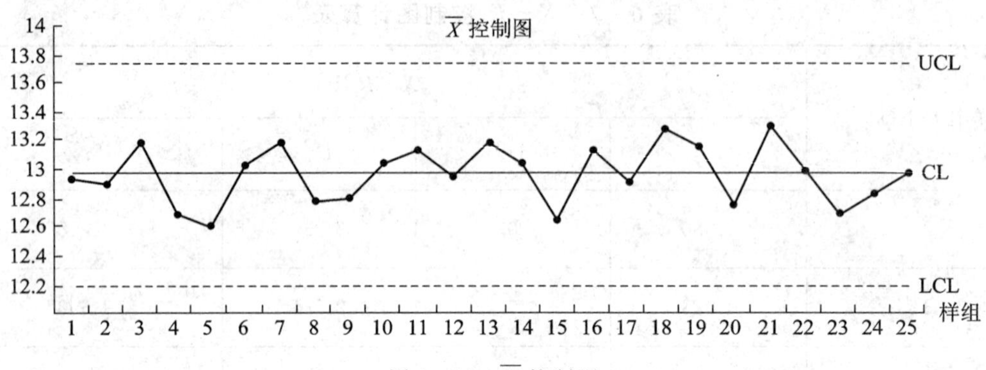

图 6-12 $\overline{X}$ 控制图

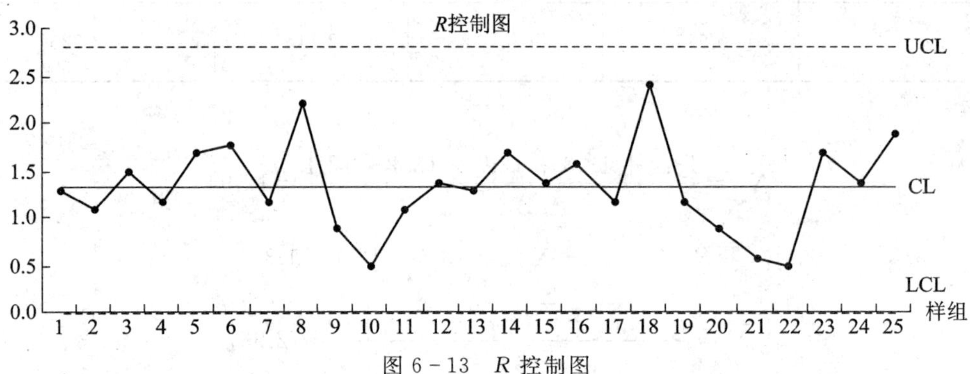

图 6-13 R 控制图

例 6-7 根据表 6-8 制作控制图。

表 6-8 R 控制图计算表

样组	计量值					小计	平均数	全距
	x_1	x_2	x_3	x_4	x_5	x	$\overline{x}$	R
1	13.2	13.5	13.0	14.4	12.5	66.6	13.3	1.9
2	13.6	12.4	13.0	12.8	12.9	64.7	12.9	1.2
3	12.5	13.1	13.7	12.4	13.8	65.5	13.1	1.4
4	14.0	12.7	13.2	13.6	12.9	66.4	13.3	1.3
5	12.9	13.8	12.5	12.1	14.5	65.8	13.2	2.4
6	13.1	13.5	12.4	14.0	13.0	66.0	13.2	1.6
7	12.2	12.8	14.4	13.0	12.5	64.9	13.0	2.2
8	13.7	13.2	12.9	13.8	14.2	67.8	13.6	1.3
9	13.2	13.5	13.8	13.0	13.3	66.8	13.4	0.8
10	14.2	13.9	14.5	13.7	13.4	69.7	13.9	1.1
11	13.8	13.0	13.5	13.9	13.6	67.8	13.6	0.9

12	12.8	13.2	12.8	14.5	13.2	66.5	13.3	1.7
13	11.8	13.5	12.4	13.0	13.3	64.0	12.8	1.7
14	12.0	11.5	13.2	14.5	13.7	64.9	13.0	3.0
15	13.5	12.7	13.0	12.9	11.8	63.9	12.8	1.7

解： 通过计算，所得控制图如图 6－14 和图 6－15 所示。

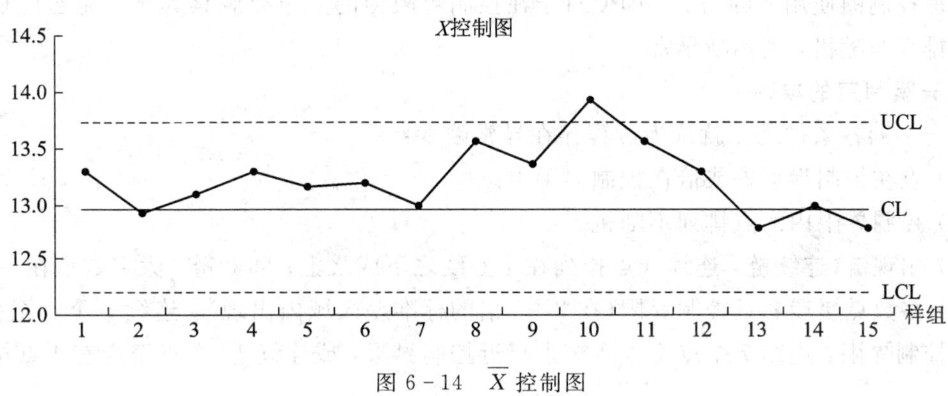

图 6－14　$\overline{X}$ 控制图

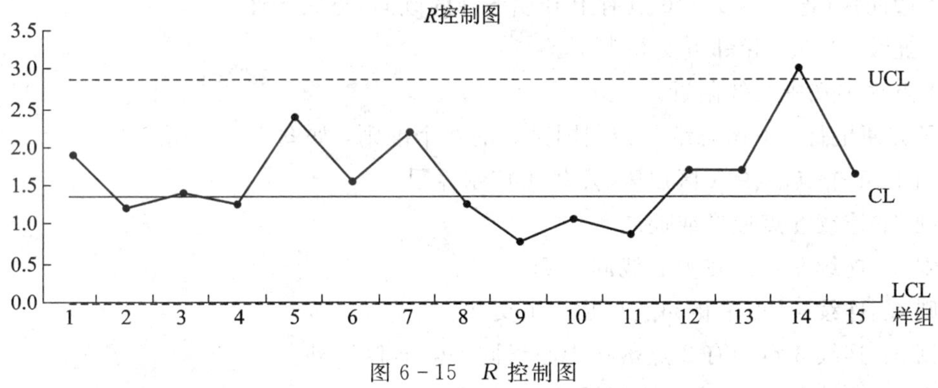

图 6－15　R 控制图

6.4.8　控制图的判定准则

稳态是制程追求的目标。在稳态下，对产品的品质要有完全的把握，产品品质特性有99.73％在控制上下限之间的范围内；在稳态下，不存在异常因素，不良品最少，只有由于机遇因素造成的少量不良品。

为判定制程是否处于稳态或制程能力不足，这一阶段使用的控制图称为分析用控制图。关于分析用控制图和控制用控制图说明如下：

（1）分析的目的主要是调查制程是否处于稳态和制程能力是否适宜。

（2）分析用控制图除需要用到判定异常的准则外，尚需用到判定稳定的准则。

（3）控制用控制图只需要应用判定异常的准则。

控制图一旦制定就成为控制制程的依据，因此控制图需处于稳定状态。用控制图判断过程是否处于稳态，需要制定判断稳态的准则。

1. 判定稳态的准则

在点随机排列的情况下，符合下列各条件之一就认为过程处于稳态：

(1) 连续 25 点全部在控制界限内。

(2) 连续 35 点中在控制界限外的点不超过 1 点。

(3) 连续 100 点中在控制界限外的点不超过 2 点。

在讨论控制图原理时，已经知道点出界就判断异常，这是判断异常最基本的一条准则。为了增加控制图使用者的信心，即使对于在控制界限内的点也要观察其排列是否随机。若界内点排列非随机，则判断异常。

2. 异常判定的准则

符合下列各条件之一就认为过程存在异常因素：

(1) 点在控制界限外或恰在控制界限上。

(2) 控制界限内的点排列不随机。

(3) 出现链(连续链，连续 9 点排列在中心线之下或之上；间断链，大多数点在一侧)。

(4) 多数点屡屡靠近控制界限(在 2～3 倍的标准差区域内出现)：连续 3 个点至少有 2 点接近控制界限，连续 7 个点至少有 3 点接近控制界限，或连续 10 个点至少有 4 点接近控制界限。

(5) 倾向性(连续不少于 6 点有上升或下降的倾向)与周期性。

(6) 连续 14 点中相邻点交替上下。

(7) 点集中在中心线附近。

为了方便记忆，下面总结了控制图判异的八个准则，如图 6－16 所示。

准则 1：1 个点落在 A 区以外(点越出控制界限)。

准则 2：连续 6 点递增或递减。

准则 3：连续 9 点落在中心线同一侧。

准则 4：连续 14 点中相邻点总是上下交替。

准则 5：连续 3 点中有 2 点落在中心线同一侧 B 区以外。

准则 6：连续 15 点落在中心线同两侧 C 区之内。

准则 7：连续 5 点中有 4 点子落在中心线同一侧 C 区以外。

准则 8：连续 6 点落在中心线两侧且无 1 点在 C 区中。

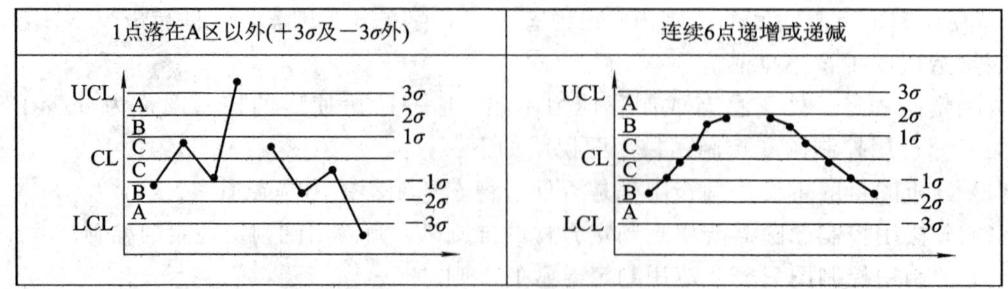

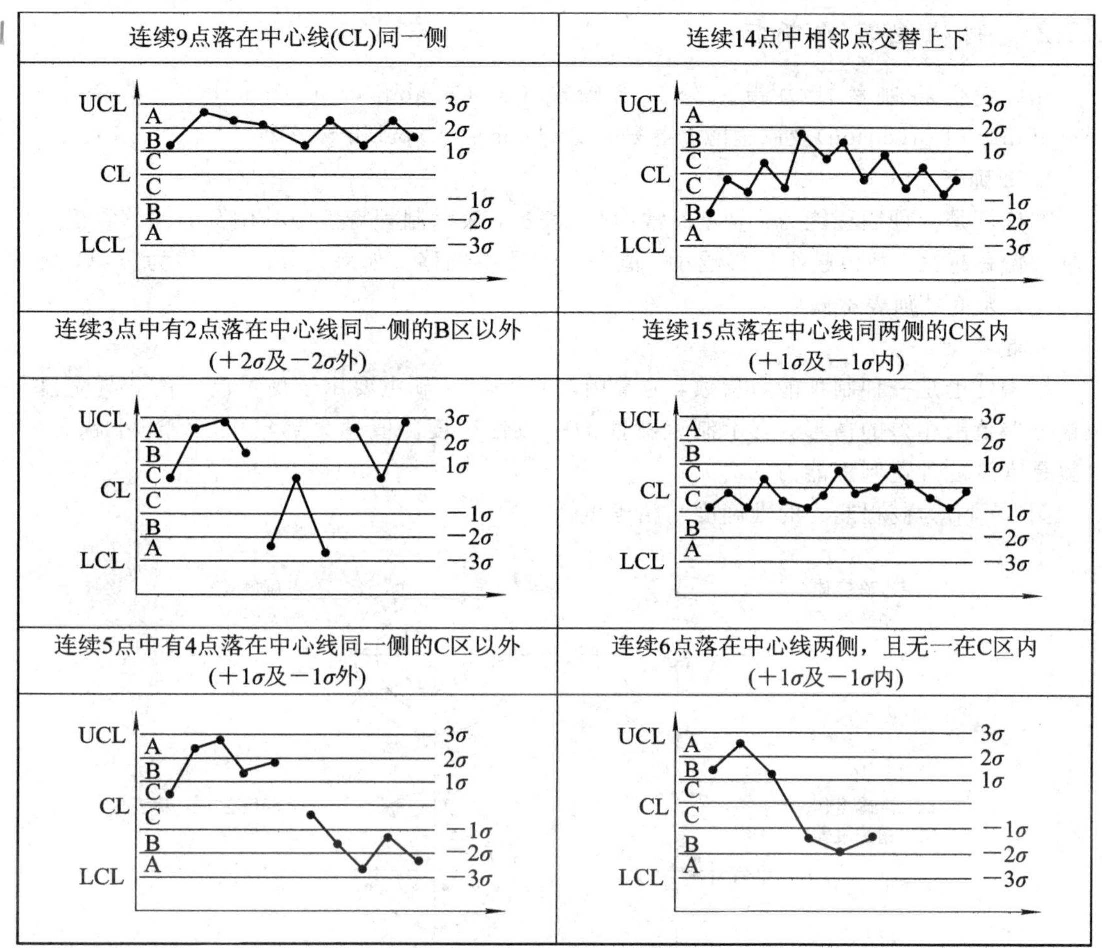

图 6-16　控制图八大判异准则

6.5 制程能力

6.5.1 制程能力的概念

制程能力是指过程(或工序)处于稳定状态下的实际加工能力，它是衡量工序品质的一种指标。对加工过程的工序能力进行分析，可使我们随时掌握制造过程中各工序品质的保证能力，从而为保证和提高产品品质提供必要的信息和依据。

只有当制程处于“统计控制状态”下，估计制程能力才合理。因为当制程处于“统计控制状态”下，制程没有可归咎的非自然因素存在，此时才可以显示制程真正的变异。

制程能力研究的时机分为两种情况：

(1) 短期制程能力研究(short term)，着重在新品及新制程的试作、初期生产、工程变更或制程设备改变等阶段(一般以 Pp、Ppk 表示)。

(2) 长期制程能力研究(long term)，以量产期间为主(一般以 Cp、Cpk 表示)。

6.5.2 制程能力的指标

在此我们将制程能力指标分为准确度 Ca（Capability of accuracy）、精密度 Cp（Capability of precision）及制程能力指数 Cpk（Process Capability）三种。

1. 准确度

准确度是一种制程能力指数，通常用 Ca 表示，表示制程特性中心位置的偏移程度。数值越大偏移越大，数值越小偏移越小，值等于 0 即不偏移。如果计算出 Ca 值为负数，则表示偏左，无负号则表示偏右。

2. 精密度

精密度也是一种制程能力指数，通常用 Cp 表示。Cp 主要用于衡量制程的变异宽度与规格公差范围相差的情形，表示制程特性的一致性程度。值越大越集中，值越小越分散，也就是常说的理论制程能力。

图 6-17 为制程能力的准确度与精确度。

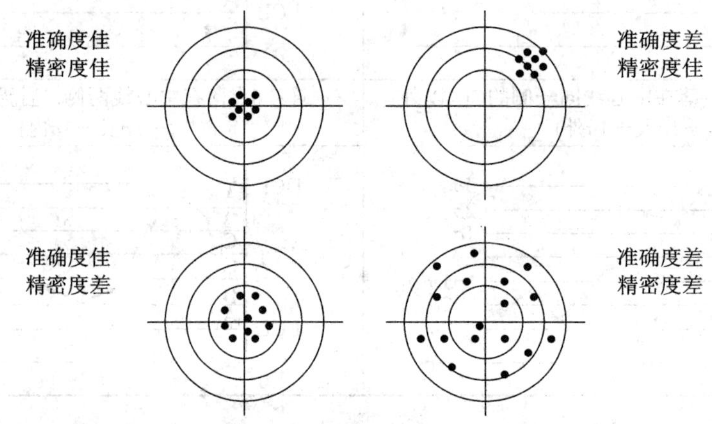

图 6-17 制程能力的准确度与精确度

3. 制程能力指数

制程能力指数也就是实际制程能力，通常用 Cpk 表示，同时考虑偏移和精度。Cpk 表示实际制程能力满足产品质量标准（产品规格、公差）的程度。因此，Cpk 的数值越大越好，如图 6-18 所示。

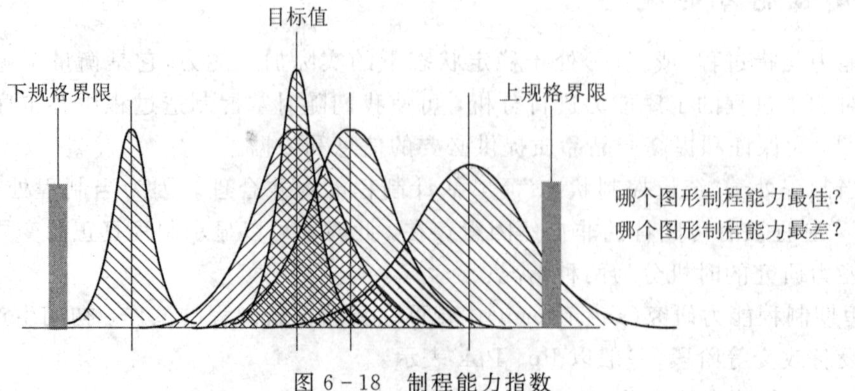

图 6-18 制程能力指数

6.5.3　制程能力分析

所谓制程能力分析(Process Capability Analysis)，是指制程产出固有的变异是否落于设计规格所容许的允收变异范围之内。假设在规格内，则此制程具有能力；否则的话，管理者必须决定如何矫正制程。图 6-19 为制程能力分析图。

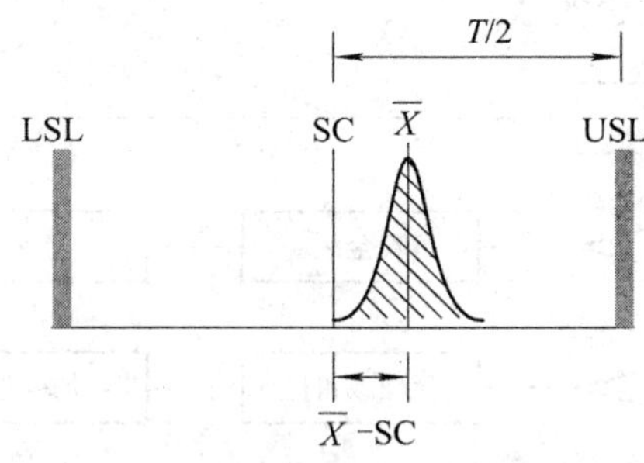

图 6-19　制程能力分析图

制程能力分析公式：

1. Ca↓(准确度越小越佳)

$$Ca=\frac{\overline{X}-SC(\text{规格中心})}{T/2} \tag{6-16}$$

$$T=USL-LSL \tag{6-17}$$

2. Cp↑(精密度越大越佳)

$$Cp=\frac{T}{6\sigma}(\text{双边规格}) \tag{6-18}$$

$$Cp=\frac{USL-\overline{X}}{3\sigma}\text{或}\frac{\overline{X}-LSL}{3\sigma}(\text{单边规格}) \tag{6-19}$$

3. Cpk↑(越大越佳)

$$Cpk=Cp*(1-|Ca|) \tag{6-20}$$

$$Cpk=\min\left[\frac{USL-\overline{X}}{3\sigma},\frac{\overline{X}-LSL}{3\sigma}\right] \tag{6-21}$$

当 Ca=0，Cpk=Cp 时，Cpk 为总和指数，是 Ca 和 Cp 两个数值的指数。

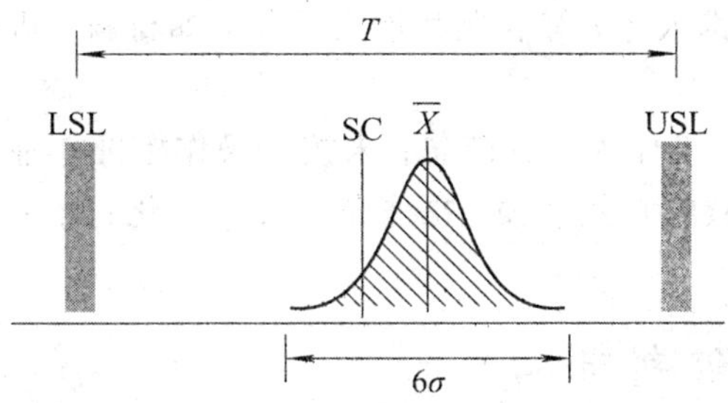

图 6-20　制程能力分析图

6.5.4 制程能力的标的分析判定流程图

根据样本数据计算出准确度、精密度及制程能力后，如何做出分析和判定？这是最容易产生疑惑的地方，因为一般品质管理人员也许知道 Ca，也会计算 Ca，但却不知道 Ca、Cp 带来的信息是什么。参照图 6-21 所示的制程能力的标的分析判定流程图，可非常快速地作出判断，以掌握产品品质改善实效。

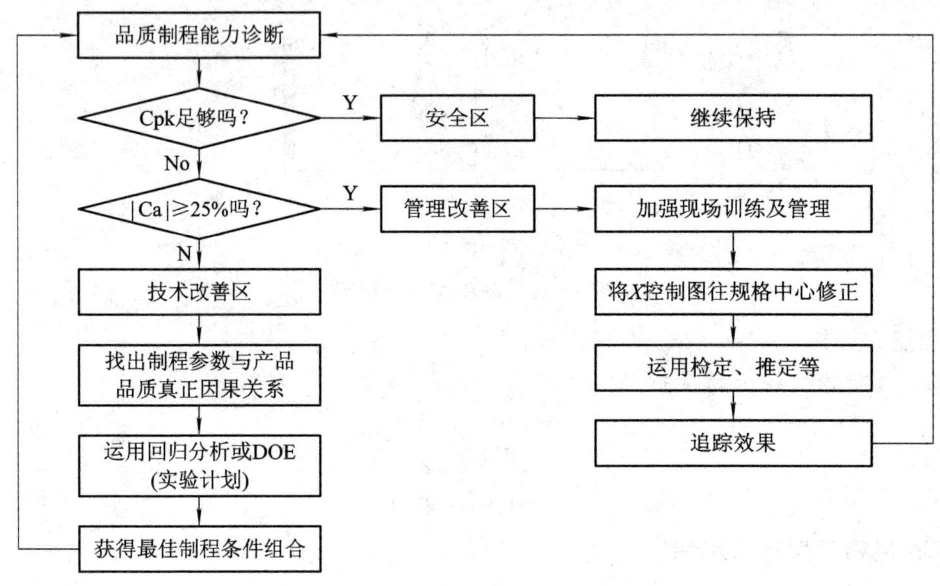

图 6-21 制程能力的标的分析判定流程图

6.5.5 引起制程能力异常的可能因素

在生产过程中，引起制程能力异常的因素主要如下：

(1) 管理不善，包括：未推行标准化；人员训练不够；机械未做保养工作；工具、夹具不适当或工作不当；不良材料混入制程；原设计上有错误或蓝图上有问题；测试仪器未作校正与维护。

(2) 技术不足，主要有：机械精度不足；工作环境不当；设计上的矛盾；测定仪器不足或测定方法不当；缺乏技术人才；综合制程能力不足，如材料、机械、方法与综合结果无法达到品质要求。

(3) 其他因素，例如：工作人员的疏忽；未按照操作标准作业；操作标准不完备；不随机抽样法；计算错误；机械的自然磨损；操作条件突然变化；异常材料突然侵入；日夜班精神上的困扰。

6.5.6 制程能力等级判断

图 6-22 为 Cpk 值对应的图形。如图 6-22 所示，制程能力等级依 Cpk 值大小进行判定，可分为五级，Cpk 的值愈大，代表制程综合能力愈好。

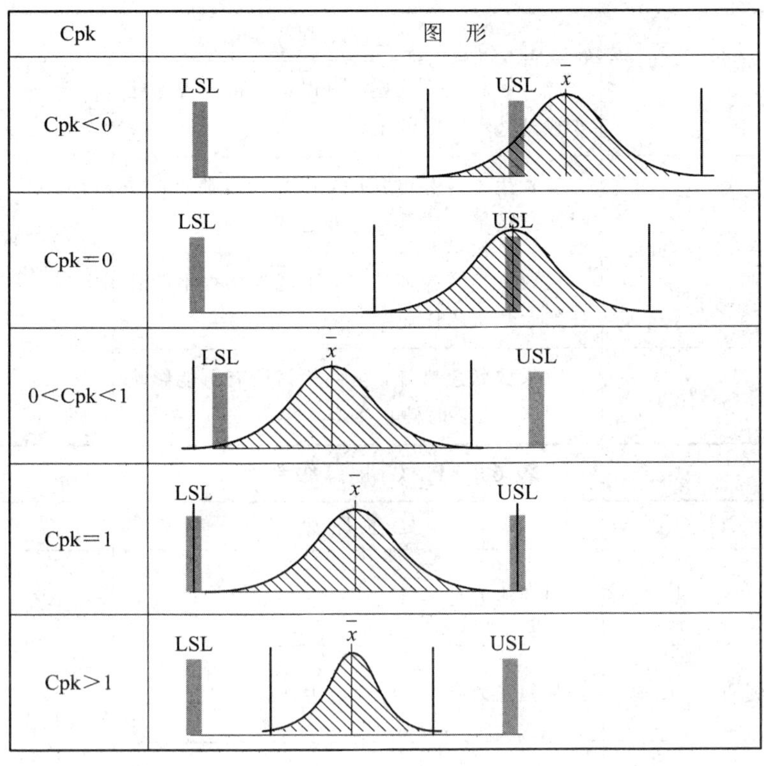

图 6-22 Cpk 图形

表 6-9 为 Ca 等级判断，表 6-10 为 Cp 等级判断，表 6-11 为 Cpk 等级判断。从表中可看出，制程能力等级分别为 A、B、C、D 四级；处理原则依次是：可维持现状；说明有缺陷发生，需改进；需要立即检讨改善；需要采取紧急措施，进行品质改善，并研讨规格。

表 6-9 Ca 等级判断

等级	Ca	处置原则	改善原则
A	|Ca|≤12.5%	作业员遵守作业标准操作并达到规格之要求，需继续维持	以制造单位为主，技术单位和品管单位为辅
B	12.5%<|Ca|≤25%	有发生不良品的危险，必须加以注意，并设法维持不要使其变坏及迅速追查	
C	25%<|Ca|≤50%	检讨规格及作业标准，可能本制程不能胜任如此精密的作业	
D	50%<|Ca|	应采取紧急措施，全面检讨所有可能产生影响的因素，必要时停止生产。	

表 6-10　Cp 等级判断

等级	Cp	处 置 原 则	改善原则
A	1.33≤Cp	此一制程甚为稳定，可以将规格容许差缩小或升任更精密的工作	以制造单位为主，技术单位和品管单位为辅
B	1.00≤Cp<1.33	有发生不良品的危险，必须加以注意，并设法维持不要使其变坏及迅速追查	
C	0.83≤Cp<1.00	检讨规格及作业标准，可能本制程不能胜任如此精密的作业。	
D	Cp<0.83	应采取紧急措施，全面检讨所有可能影响之因素，必要时停止生产。	

表 6-11　Cpk 等级判断

等级	Cpk	处 置 原 则	改善原则
A	1.33≤Cpk	制程能力足够	以制造单位为主，技术单位和品管单位为辅
B	1.00≤Cpk<1.33	制程能力尚可，应再努力加强	
C	Cpk<1.00	制程能力不足，应加以改善	
D	Cp<0.83	应采取紧急措施，全面检讨所有可能影响的因素，必要时停止生产	

6.5.7　专项技能训练课题

例 6-8　根据给出的 Cpk 图形进行制程能力判断：规格 17±6 (SC=17，USL=17+6=23，LSL=17−6=11)，判断结果如表 6-12 所示。

表 6-12　制程能力判断

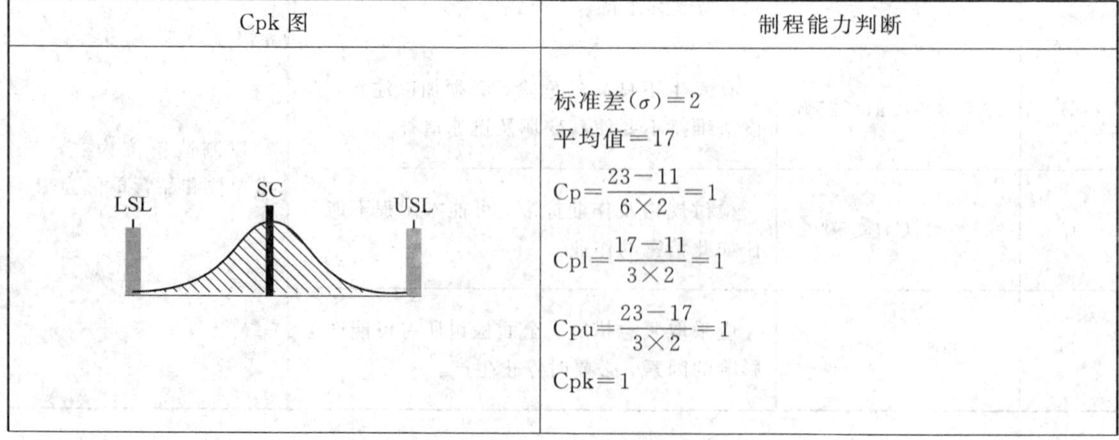

Cpk 图	制程能力判断
	标准差(σ)=2 平均值=17 $Cp=\frac{23-11}{6\times2}=1$ $Cpl=\frac{17-11}{3\times2}=1$ $Cpu=\frac{23-17}{3\times2}=1$ Cpk=1

续表

Cpk 图	制程能力判断
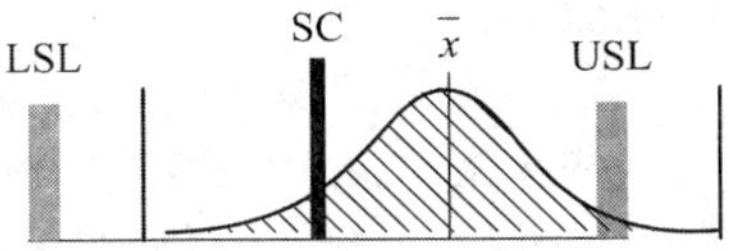 LSL SC $\bar{x}$ USL	标准差(σ)=2 平均值=19 $Cp=\frac{23-11}{6\times2}=1$ $Cpl=\frac{19-11}{3\times2}=1.33$ $Cpu=\frac{23-19}{3\times2}=0.67$ Cpk=0.67
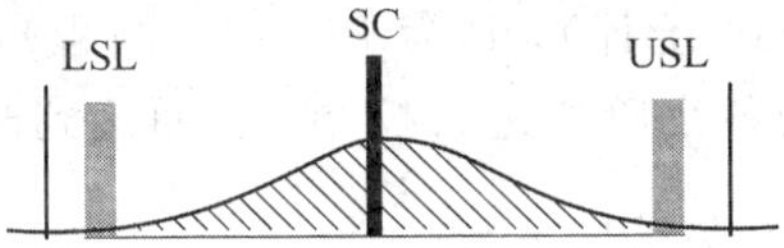 LSL SC USL	标准差(σ)=3 平均值=17 $Cp=\frac{23-11}{6\times3}=0.67$ $Cpl=\frac{17-11}{3\times3}=0.67$ $Cpu=\frac{23-17}{3\times3}=0.67$ Cpk=0.67
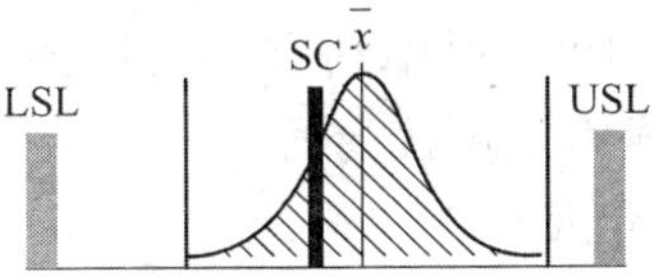 LSL SC $\bar{x}$ USL	标准差(σ)=1.5 平均值=18.5 $Cp=\frac{23-11}{6\times1.5}=1.33$ $Cpl=\frac{18.5-11}{3\times1.5}=1.67$ $Cpu=\frac{23-18.5}{3\times1.5}=1.0$ Cpk=1.0
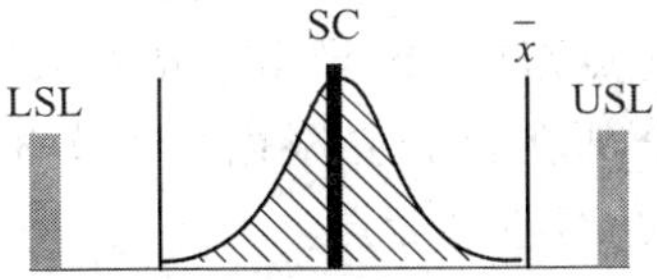 LSL SC $\bar{x}$ USL	标准差(σ)=1.5 平均值=17 $Cp=\frac{23-11}{6\times1.5}=1.33$ $Cpl=\frac{17-11}{3\times1.5}=1.33$ $Cpu=\frac{23-17}{3\times1.5}=1.33$ Cpk=1.33

续表

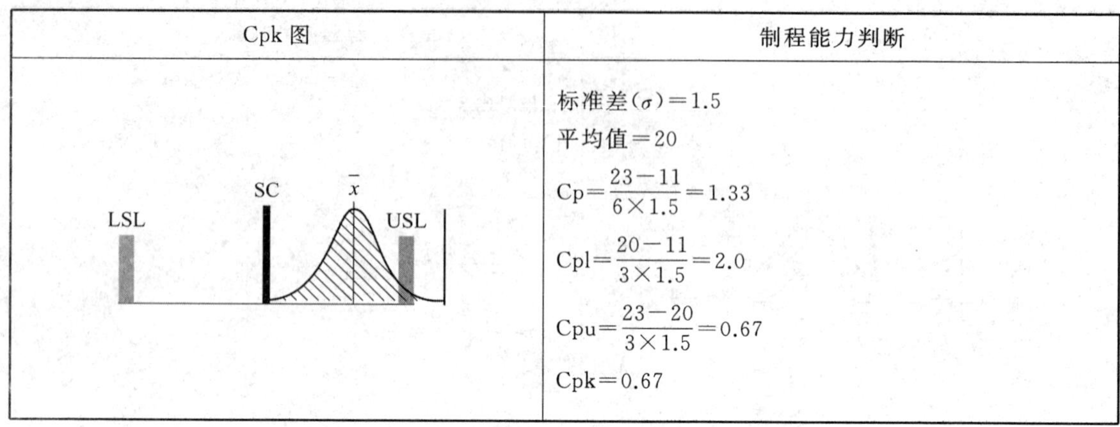

Cpk 图	制程能力判断
	标准差(σ)=1.5 平均值=20 $Cp=\frac{23-11}{6\times1.5}=1.33$ $Cpl=\frac{20-11}{3\times1.5}=2.0$ $Cpu=\frac{23-20}{3\times1.5}=0.67$ Cpk=0.67

本章小结

SPC 是统计过程控制的简称，其中 S 为 Statistical(统计)，P 为 Process(制程)，C 为 Control(控制、管制)。它是利用统计方法对过程中的各个阶段进行控制，从而达到改进与保证质量的目的。SPC 强调以全过程的预防为主。

SPC 统计过程控制是目前国际公认的改善生产、降低成本最有效的工具。通过事前严密的制程控制计划，针对关键质量特性应用 SPC 统计过程控制技术，进行实时监控和预警，及时发现过程异常加以消除，从根本上降低不合格率是 SPC 发挥效用的秘诀。

统计特位数包括平均量数和差异量数。平均量数包括平均数 μ 或 $\overline{x}$，中位数 Me 或 $\overline{x}$，众数 M_o；差异量数包括全距 R，标准差 σ 或 s。

控制界限为±3σ。若产品品质特性值服从常态分布，在正常的生产过程中，产品特征值落在控制界限±3σ 之外的机会为 0.27%。也就是说，1000 次中约有 3 次机会将正常的状态判别为异常，这样的错误可以保证产品品质，并且成本是可接受的。

影响产品品质变异的因素有机遇变异因素和特殊变异因素。

制作控制图一般要经如下几个步骤：按规定的抽样间隔和样本大小抽取样本；测量样本的质量特性值，计算其统计量数值；在控制图上描点；判断生产过程是否有并行。

$\overline{X}-R$ 控制图是最常用、最重要的一种品质控制工具，具有使用单位广、灵敏度高的优点，常用于控制对象为长度、重量、强度、纯度、时间、收率和生产量等计量值的场合。$\overline{X}$ 控制图主要用于观察正态分布的均值变化，R 控制图主要用于观察正态分布分散或变异情况的变化，而 $\overline{X}-R$ 控制图则将二者联合运用，用于观察正态分布的变化。

控制图的异常判定的准则为：点出界(包含在界上的点)即判定异常，界内点排列非随机即判定异常。控制图的稳态判定准则为：连续 25 点全部在控制界限内；连续 35 点在控制界限外的点不超过 1 点；连续 100 点在控制界限外得点不超过 2 点。

所谓制程能力分析，是指制程产出固有的变异是否落于设计规格所容许的允收变异范围之内。假设在规格内，则此制程具有能力。

制程能力的等级需要进行判断，以分析处置原则，找到改善方法。引起制程能力异常的可能因素有管理不善、技术不足或其他因素。

思考与练习

1. SPC中的S代表______，P代表______，C代表________。

2. 制作R控制图时，检验人员每四小时到现场取______模样品，依检验标准所示测量尺寸，数据填入表格并计算出______与全距值。

3. 列出SPC的($\overline{X}$—R)控制图判定八大准则。

4. Cpk值判断的参考准则是什么？

参 考 文 献

[1] 王伯平. 互换性与测量技术基础[M]. 北京：机械工业出版社，2013.
[2] 胡风兰. 互换性与技术测量基础[M]. 北京：高等教育出版社，2005.
[3] 马凤岚，杨淑珍. 机械产品精度测量[M]. 北京：人民邮电出版社，2012.
[4] 张秀芳，赵姝娟. 公差配合与精度检测[M]. 北京：电子工业出版社，2009.
[5] 朱士忠，金仲伯，宋浩. 机械精度检测与产品质量管理[M]. 北京：机械工业出版社，2013.
[6] 田晓. 机械产品质量检验[M]. 北京：中国计量出版社，2007.